DE LA

# MANIÈRE

## D'APPRENDRE

## LES LANGUES.

par M. l'abbé de
Radonvilliers, Souprecepteur
des Enfans de France.

# DE LA
# MANIÈRE
## D'APPRENDRE
## LES LANGUES.

*A PARIS,*

Chez SAILLANT, Libraire, rue
S. Jean de Beauvais.

M. DCC. LXVIII.

*Avec Approbation & Prilviége du Roi.*

# PRÉFACE.

L'étude des Langues eſt une
des occupations les plus communes chez les nations policées. On
fait un devoir à la moitié des enfans, qui naiſſent dans les condi-
tions honnêtes, d'étudier le latin;
& des perſonnes de tout âge ſe
font aujourd'hui un amuſement
d'apprendre l'Italien, & ſur-tout
l'Anglois. L'Allemand eſt néceſſaire aux gens de guerre: & toute
Langue dans laquelle il y a de
bons livres, eſt utile aux gens de
lettres. Comment eſt-il donc arrivé que la plupart des arts moins

a 3

utiles & d'un uſage moins étendu,
ont été perfectionnés, & que l'art
d'étudier les Langues n'a fait aucun progrès ? Un rudiment & un
dictionnaire, des thêmes & des
verſions , voilà en abrégé la méthode ancienne ; & c'eſt la ſeule
que l'on ſuive encore aujourd'hui,
non - ſeulement dans toutes les
écoles publiques , mais auſſi dans
le plus grand nombre des maiſons
particulières. Eſt-ce que les inventeurs ont atteint tout-d'un-coup
le point de la perfection ? L'exemple ſeroit unique. L'eſprit humain
avance , mais il ne vole pas ; au
contraire , il ſe traîne avec lenteur
de dégré en dégré. Les arts nouveaux ont toujours des procédés
embaraſſans & compliqués. La

pratique la plus simple, la plus ai-
sée, qui sembleroit devoir s'offrir
la première, est le fruit du temps,
de l'expérience, de la réflexion,
quelquefois du hasard, & rarement du génie inventeur.

Cependant cette méthode si
respectée, & suivie si constam-
ment, ne nous vient pas des nations éclairées de l'antiquité. La
Grammaire étoit connue à Rome, elle y étoit cultivée; mais on
ne l'employoit pas pour enseigner les Langues. Les jeunes Romains apprenoient le grec, comme ils apprenoient le latin; dans
la maison de leurs pères, & uniquement par la conversation.
Lorsqu'ils entendoient la Langue, ils alloient à l'école des

Grammairiens pour apprendre à bien prononcer, à lire avec goût, & à pénétrer le ſens des auteurs. Mais dans les ſiècles d'ignorance on crut avoir fait une importante découverte, en imaginant d'appliquer la Grammaire à l'étude du latin. Voici peut-être comment raiſonnèrent les inventeurs: Une Langue eſt une collection de mots qu'on aſſemble ſelon certaines règles dont on eſt convenu. Réuniſſons tous les mots dans un dictionnaire, toutes les règles dans un rudiment. Un commençant avec ces deux livres élémentaires, poura compoſer des verſions & des thêmes, & par-là s'accoutumer à entendre le Latin, & à l'écrire.

Si ce raisonnement spécieux pouvoit séduire un siècle amateur & dupe des fausses subtilités, l'expérience auroit dû le désabuser. Un dictionnaire contient la signification des mots ; mais il n'enseigne pas, entre les diverses significations, celle qu'il faut choisir. Un rudiment contient toutes les règles; mais il n'enseigne pas dans les occasions particulières, comment il faut les appliquer. Aussi l'étude du latin, malgré les rudimens & les dictionnaires, est-elle encore d'une difficulté insurmontable pour la plupart des jeunes gens.

On n'en sera pas surpris, si on veut considérer la nature des choses. Qu'est-ce que le langage parmi les hommes ? Un art pratique. Or , ces fortes d'arts s'apprennent par l'exercice, & non par le raifonnement. Placez une plume entre les doigts d'un enfant , conduifez fa main ; après quelque temps il faura écrire , quoiqu'il ignore la théorie de l'écriture. Exercez les oreilles & la langue d'un enfant ; bientôt il comprendra ce que vous lui dites, & il faura vous répondre fans connoître les règles du langage. A proprement parler , les arts pratiques n'ont point de règles. Ce qu'on appelle de ce nom n'eft que le recueil des obfervations faites fur la manière dont on a d'abord exercé ces arts par le feul inftinct de la nature. De-là vient que l'habileté ne confifte pas à savoir ces règles prétendues , mais à les observer sans réflexion , soit qu'on les sache , soit qu'on les ignore. Tous les François entendent leur Langue ; combien y en a-t-il qui aient étudié la Grammaire ? Les plus habiles Grammairiens ne font aucun usage de leur science pour suivre la conversation ; ils entendent le sens du discours par habitude , comme les ignorans.

Aussi convient-on assez généralement que la meilleure méthode pour apprendre les Langues seroit l'usage ? Mais comment apprendre par l'usage des Langues qui ne se parlent plus ? Cet obstacle n'est pas insurmontable. Les Langues font employées à écrire comme à parler; pourquoi ne pouroit-on pas les apprendre dans les livres comme dans le commerce de la vie ? C'est également les étudier par l'usage. Il ne reste que l'embarras de faire entendre les livres à celui qui ne sait pas la Langue dans laquelle ils sont écrits. M. du Marsais en a trouvé un moyen fort simple. Il place au-dessus des mots latins les mots françois correspondans. D'autres auteurs ont imité & même perfectionné cette invention. La forme est indifférente. La seule chose essentielle, est de joindre toujours un mot connu au mot inconnu, afin qu'en lisant un livre écrit dans une Langue qu'on ne sait pas, on entende cependant les mots & la pensée de l'auteur.

Voilà ce que l'on cherchoit, une manière d'apprendre par l'u- sage les Langues mortes. Elle a tant d'avantages sur la méthode commune, qu'il est difficile de comprendre pourquoi elle n'a pas été adoptée aussi-tôt qu'elle a été connue. L'ordre des exer- cices a pu s'y opposer dans les écoles publiques ; cet ordre est si bien combiné & renferme tant de choses utiles, comme l'a prouvé le sage Rollin, qu'on n'a pas dû le changer légèrement. Mais quels obstacles ont arrêté dans les édu- cations domestiques ? Quelle fan- taisie attache si fortement, même des personnes du monde, aux thé-

mes & aux verſions? Je ſais combien la coutume eſt impérieuſe ;
mais je ſais auſſi que , chez nous
principalement , l'attrait de la
nouveauté balance l'empire de
la coutume.

J'ai donc ſoupçonné que cette
méthode n'étoit pas ſuffiſamment
connue. On a cru que c'étoit un
autre ſyſtême , que des partiſans
de la nouveauté vouloient ſubſtituer à l'ancien ; & ſyſtême pour
ſyſtême , que gagne-t-on à chan
ger? On pouvoit bien y être trompé , parceque juſqu'ici une portion de la Grammaire a été con-
ſervée comme une introduction
néceſſaire. Cette complaiſance
pour les préjugés défigure la méthode , qui ne paroît plus ce

qu'elle eſt en effet, une ſimple imitation de la nature. Les enfans apprennent leur Langue ſans entendre parler de déclinaiſons ni de conjugaiſons; quelle néceſſité y a-t-il de leur en parler pour une autre Langue ? Les terminaiſons finales des noms & des verbes forment des mots latins dont on apprendra le ſens par l'uſage, comme on apprend celui des prépoſitions & des adverbes. Il eſt vrai qu'on ignorera leur dénomination grammaticale ; mais qu'importe qu'on ignore que *PATRUM* eſt au génitif pluriel, pourvu qu'on ſache qu'il ſignifie *des pères ?* Il eſt vrai encore qu'on n'apprendra pas ſur un ſeul verbe la ſignification de tous les temps ſemblables ; mais la nature conduit au même but par un chemin moins raboteux & plus court. Elle enseigne à juger des choses semblables, par analogie : vous m'avez dit qu'*AMABAM* signifie *j'aimois* ; je n'ai pas besoin que vous me disiez que *CANTABAM* signifie *je chantois* ; l'analogie seule me le fait déviner.

Un second défaut a pu nuire au succès de cette méthode. On n'a proposé jusqu'ici qu'une seule espèce de livres élémentaires, savoir une version littérale, accompagnée d'une traduction. Or ce livre ne suffit ni pour le commencement, ni pour la suite des études. Il n'entre pas assez dans le detail pour lever toutes les difficultés

cultés des commençans , & il ne laisse pas assez de difficulté pour ceux qui ont fait quelques progrès.

Je me suis donc persuadé que, sans avoir fait aucune découverte , je pouvois travailler utilement sur cette matière. J'ai cru qu'en présentant cette méthode dans son vrai jour, j'en ferois sentir les avantages ; & qu'en lui donnant les développemens nécessaires , j'en faciliterois la pratique. Voici le plan que j'ai suivi.

Je remonte d'abord jusqu'à l'origine de toutes les Langues, pour en reconnoître la composition , & expliquer plus nettement comment la nature enseigne aux enfans à parler & à entendre leur

Langue maternelle. Je montre ensuite que la méthode de la version littérale imite les leçons de la nature. Pour développer cette méthode, j'ai recherché en quoi deux Langues sont différentes, & j'ai pris pour exemple le françois & le latin. J'ai trouvé quatre différences essentielles ; je les rapproche toutes dans le premier livre élémentaire, qui ne présente aux élèves aucune difficulté à vaincre. Mais pour suivre & hâter les progrès, je retranche bientôt ce premier livre, & j'en substitue un second qui offre une difficulté très légère ; puis un troisième, & un quatrième, dans lesquels la difficulté augmente par dégrés. Ainsi le travail est

toujours proportionné aux forces, & le secours aux besoins.
Dès le premier jour un élève entend quelques lignes de son auteur, parceque son livre élémentaire lui dit tout. De temps à
autre son livre l'aide moins, &
cependant il continue à entendre; enfin il parviendra à n'avoir
plus aucun besoin d'être aidé, &
alors il saura le latin pour le lire.
Dans la vue de rendre cette lecture plus agréable & plus utile,
j'entre dans un assez long détail
sur les beautés du style qui dépendent de la Langue, & sur la
manière de les faire passer d'une
Langue à l'autre. Enfin, pour
terminer la carrière de l'étude
du Latin, j'examine comment

on peut apprendre à l'écrire, &
même à le parler. Je finis par un
court essai de livres élémentaires sur quelques lignes de Grec,
d'Allemand, d'Anglois, d'Espagnol & d'Italien. On verra que les
principes que j'ai posés sont généraux, quoique j'aie pris tous
mes exemples dans la Langue
latine. En effet, je me suis proposé ce problême : *Sachant une
première Langue, en apprendre
une seconde par la lecture.* Je n'ai
épargné pour le résoudre ni mon
temps, ni mon travail. Je croirois
avoir rendu quelque service aux
lettres, si ce petit ouvrage con-
tribuoit à faciliter le commerce
avec les bons écrivains de l'antiquité & des pays étrangers.

# TABLE

## DES CHAPITRES

### ET ARTICLES

Contenus dans ce Volume.

Fin de la Table.

# DE LA MANIÈRE D'APPRENDRE LES LANGUES.

## CHAPITRE I.

### De l'étude de la Langue maternelle.

QUAND on réfléchit sur l'étude des Langues, on est frappé d'abord d'une réflexion assez bizarre. Il semble qu'un enfant devroit savoir la Langue de son pays, pour être en état de l'apprendre. On ne lui parle que françois, pour lui enseigner le françois. Mais quelle utilité retirera-t-il des paroles qui frappent son oreille, si son esprit n'en connoît pas la valeur? Il faut donc qu'il ait reçu auparavant d'autres leçons. En effet, la Nature lui en a donné, tandis qu'il étoit encore au berceau : & voici peut-être quelle a été la première. Lorsque l'enfant a senti de la douleur, ce sentiment lui a arraché des cris. Son ame se réfléchissant sur elle-même, a combiné le sentiment de douleur avec les cris qui l'accompagnoient. Dès-lors il a su qu'un certain cri signifie la douleur. Sur ce fondement s'est élevé l'édifice d'une Langue entière, qu'on peut appeller la Langue naturelle.

## ARTICLE I.

### *De la Langue naturelle.*

Qu'est-ce qu'une Langue considérée en général ? Une collection de signes propres à communiquer les penfées. Si donc, il exifte par une fuite néceffaire de notre nature, des fignes qui manifeftent ce que nous penfons, leur collection formera une langue vraiment naturelle. Nous fommes compofés d'une ame qui penfe, & d'un corps fufceptible de mouvemens. Telle eft la nature de l'homme. En conféquence de l'union de ces deux fubftances, tout mouvement fait naître une penfée, & toute penfée fait naître un mouvement. Il eft vrai que la penfée n'agit que fur le cerveau ; mais comme les diverfes parties de notre machine font liées enfemble, l'action fur le cerveau produit un changement dans les parties extérieures. Les Peintres & les Sculpteurs ne l'ignorent pas ; c'eſt de-là que leur vient le pouvoir d'animer la toile & le marbre. Les penſées ſecrètes ſe montrent encore plus clairement dans les corps vivans, tantôt par des cris, tantôt par des geſtes ; le plus ſouvent elles ſe peignent même malgré nous ſur notre viſage & dans nos yeux. Ceux donc qui ſe trouvent à portée de nous voir, connoîtroient d'ordinaire ce que nous penſons, & toujours ce que nous ſentons, s'ils diſtinguoient tous nos mouvemens extérieurs, & s'ils avoient obſervé ſur eux-mêmes quelle eſt l'idée relative à chacun de ces mouvemens ; mais la pénétration de la vue & l'attention de l'eſprit ne vont pas juſque là. En ſuppoſant que quelqu'un poſſédât cette ſcience au plus haut dégré, ſon

commerce ne feroit pas également
defirable pour tout le monde : rien
ne lui feroit caché ; il fuffiroit qu'il
obfervât les phyfionomies pour lire
dans les cœurs. La Providence a
écarté ce péril de la fociété.

Nul homme ne fait toute la Langue naturelle, & chacun en fait une
portion. Elle eft plus ou moins étendue, felon la fineffe des organes
qu'on a reçus, felon la jufteffe des
réflexions qu'on fait fur foi-même,
& fur-tout, felon l'habitude où l'on
eft de vivre avec certaines perfonnes. Vous voyez la penfée de votre
ami dans fes yeux, tandis que les
autres ne la connoiffent qu'après
qu'il a parlé.

Il fuffit pour mon deffein qu'il y
ait un certain nombre de mouvemens extérieurs dont la liaifon avec
les penfées ne puiffe être ignorée de
perfonne. Eft-il un homme qui con-

fonde un cri de douleur avec un cri de joïe? En est-il un qui ne sache que l'œil, lorsqu'il s'élève, marque l'audace, lorsqu'il s'abaisse, la timidité; que la main s'avance pour menacer, & que les bras s'étendent pour demander grace? On sent jusqu'où ce détail pourroit être poussé. J'en ai dit assez pour faire connoître ce que j'entends par cette Langue naturelle, & pour en prouver l'existence.

## ARTICLE II.

*De l'origine des Langues articulées.*

NON-SEULEMENT cette Langue naturelle exiſte, mais elle auroit pu donner naiſſance à toutes les autres. Car ſuppoſons deux hommes ſeuls dans l'univers, qui ne ſachent ſe parler que par des geſtes & par des cris ; ils ne tarderont pas à inventer une Langue articulée. Ils s'apercevront que les mêmes organes, qui pouſſent les cris , forment auſſi des ſons ; & que parmi ces ſons , il en eſt qui imitent certains objets. Le ſon *coq* imite le chant du volatile qu'on nommé *coq* en françois ; *gaſouillement* a quelque reſſemblance avec le chant des oiſeaux ; *ſifflement* avec le bruit des vents. Il paroîtra plus prompt & plus commode de prononcer le ſon

A 4

coq, que de défigner un *coq* par des geftes, qui fouvent feroient équivoques, & qui d'ailleurs emploient des organes utiles à d'autres ufages. Le fon *coq* fera appliqué à cet objet, & en deviendra le nom dans la Langue articulée. Un autre objet reffemble au premier avec une légère différence, on lui appliquera un fon approchant du premier. Toutes les chofes fenfibles, en allant fucceffivement de l'une à l'autre, feront défignées par des fons : & la fuite des fons différens, compofera la fuite de différens noms. Les objets même qui ne tombent pas fous les fens auront pu être nommés ; parce qu'il n'en eft point qui n'ait quelque rapport prochain ou éloigné, avec un objet fenfible. *L'ame* ne peut être ni vue ni touchée : mais nous éprouvons la rapidité de fes opérations : les vents ont auffi de la rapidité ; de-là on lui a donné le nom d'*ame*, qui dans son origine signifie *vent*, *souffle*.

Je n'ai garde de prétendre que le mot *coq* ait dû être adopté le premier, & qu'on ait dû parler françois plutôt qu'une autre Langue. Qui pourroit dire quel est le premier son imitatif, dont le besoin, ou le hasard, eut fait connoître l'utilité ? J'en trouve un qui auroit pu donner naissance au françois, il s'en sera trouvé d'autres pour former les mots d'une autre Langue quelconque.

Mais les mots ne font que les matériaux du discours. Il faut les lier ensemble pour exprimer une pensée, c'est-à-dire, des idées avec leurs rapports. *Force*, *corps*, voilà deux mots détachés : *force du corps*, voilà les deux mêmes mots liés par le son *du*, inféré entre deux, & dans cet état ils peuvent être employés dans l'expression de cette penſée, *la force du corps eſt moins eſtimable que les talens de l'eſprit.* Comme il n'y auroit, dans la nature des choſes, aucune raiſon de préférer un ſon à un autre pour lier les mots, le haſard & le caprice décideroient du choix. L'un des deux interlocuteurs choiſira pour lien *au* dans une occaſion, & *du* dans une autre, uniquement par fantaiſie ; ſon compagnon l'imitera dans les occaſions pareilles ; & dès-lors les deux ſons *au, du,* ſignifieront deux rapports déterminés. Un plus long détail ſeroit ſuperflu. On comprend que les deux amis adoptant tous les jours de nouveaux ſons pour ſignifier ou les idées, ou les rapports des idées, parviendront à ſe communiquer par le diſcours, les penſées néceſſaires au commerce de leur vie. Dès ce moment il exiſtera une Langue articulée, dont à la vérité

le vocabulaire fera très-court, & la
fyntaxe peu raifonnée.

Cependant, toute pauvre, toute
groffière que fera cette Langue,
elle pourra devenir féconde, & en
produire une infinité d'autres. Tranf-
formons nos deux folitaires en chefs
d'une grande nation, fi abondante
en hommes, qu'elle foit forcée
d'envoyer au loin des colonies. Ces
nouvelles peuplades emporteront
avec elles le langage de leur métro-
pole, & le conferveront quelque
temps. Mais bientôt elles s'en forme-
ront chacune un nouveau, propre
à la nouvelle nation. Deux caufes
produiront néceffairement cet effet :
l'éloignement des lieux, & le cours
des années. Un climat différent
apporte quelque changement dans
l'habitude du corps, & par conféquent dans les organes de la parole.
Le temps entraîne quelque viciffi-

tude dans les choses humaines. De ces deux sources viendra insensiblement l'altération dans les sons, qui changera les mots & la manière de les assembler. Le fils ne parlera pas exactement comme son père, le petit-fils s'en éloignera encore davantage ; & après que les générations se feront multipliées, les descendans auront leur langage particulier : d'abord ils cesseront de parler celui de leurs aïeux, ensuite ils cesseront même de l'entendre.

J'ai expliqué comment les Langues auroient pu se former selon le cours de la nature ; mais nous savons que l'auteur de la nature a présidé lui-même à leur origine. Comme il exemta nos premiers parens des foiblesses de l'enfance, en les créant dans l'âge mûr, il leur donna aussi la connoissance d'une Langue articulée, telle que l'ont les hommes

parvenus à cet âge. Elle paſſa des pères aux enfans, & peut-être ſe diviſa
en pluſieurs branches même avant
le déluge. Ce qui eſt certain , c'eſt
qu'après le déluge il ne reſta que
la Langue de Noé , juſqu'au temps
de la tour de Babel. Alors Dieu ,
pour forcer les hommes à peupler
plus promptement les diverſes con-
trées , donna à un certain nombre de
familles des Langues particulières ,
qui en firent autant de nations. Mais
le prodige a dérogé aux loix naturelles , ſans les abroger ; car ces
mêmes loix ont toujours préſidé
depuis à la formation des Langues
nouvelles. On peut même dire en
un ſens , que lors de la création &
lors de la diſperſion , elles furent
obſervées. Dieu ne troubla pas le
cours de la nature , il le hâta ſeulement. Il fit en un inſtant ce qui ne ſe
ſeroit fait que dans la ſuite de plu-

sieurs siècles. On peut donc, en raisonnant sur la composition intérieure des Langues, supposer qu'elles ont suivi les loix générales. La supposition, quoique fausse dans les deux cas que nous avons dits, ne conduira à aucune erreur, puisque la formation de ces Langues, accélérée par prodige, étoit telle qu'elle auroit été, si elle se fût faite lentement, selon le cours de la nature. C'est ainsi que les corps d'Adam & d'Eve, quoique créés tout-d'un-coup dans l'état parfait, étoient composés, relativement à l'anatomie, de même que ceux de leurs descendans, qui passent par divers dégrés pour arriver à leur perfection.

Supposons donc que de la Langue naturelle est sortie la première Langue articulée, qui ensuite a produit toutes les autres : il semble d'abord qu'en suivant la trace des mots, on pouroit remonter jusqu'à la Langue primitive ; & de plus qu'en observant d'où ils sont dérivés, on pourroit en fixer le sens véritable. Mais les révolutions arrivées sur la surface de la terre nous privent de cette double utilité. Les émigrations des peuples, leur mêlange, leur commerce ont brouillé les traces des mots. On les a reçus dans tant de pays, qu'on ne distingue pas celui de leur origine. La manière de les prononcer, celle de les écrire, leur signification même, ont subi des variations sans nombre. Parmi les mots de nos Langues modernes, on ne reconnoît pas, du moins avec certitude, ceux qui peut-être se sont conservés purs depuis la source. On ignore même celui des canaux dans lequel ils ont été puisés. De-là vient l'incertitude de la plupart des étymologies. Car si un mot est tiré de la Langue Phénicienne, il a une certaine signification ; mais si nous l'avons emprunté d'un peuple plus nouveau , comme des Grecs ou des Latins , il en a une autre. Cependant l'art des étymologies doit être cultivé. Il peut, dans quelques occasions , mettre sur la voie d'une vérité importante ; mais il a des bornes assez étroites , au-delà desquelles on ne trouve plus que de vaines conjectures.

ARTICLE III.

## ARTICLE III.

*Comparaison de la Langue naturelle avec les Langues articulées.*

APRÈS la formation des Langues articulées, les hommes ont pu se parler également par les gestes & par le discours. Si on fait la comparaison de ces deux sortes de langages, on y trouvera d'abord une différence essentielle. Le lien qui unit la pensée aux gestes est naturel & nécessaire ; celui qui l'unit aux paroles est libre & de convention. *Une certaine rougeur dans les yeux & sur le visage*, signifie *la colère*, parce que l'ame ainsi agitée communique nécessairement cette couleur au corps qui dépend d'elle ; mais le mot *IRA* signifie *la colère*, parceque ceux qui ont parlé latin les premiers, en sont convenus entr'eux. Ce son *IRA*, par lui-même,

B

n'a pas un rapport plus marqué à un homme en colère , qu'à un homme tranquille. Les ſons même imitatifs, qui paroiſſent avoir une liaiſon plus naturelle avec les objets , n'ont pu leur être appliqués qu'en vertu d'un accord arbitraire. Sans cet accord, la plupart euſſent été équivoques , parceque le même ſon imite différens objets , & que le même objet, conſidéré ſous pluſieurs aſpects , peut être imité par des ſons différens.

De ce principe ſuivent pluſieurs conſéquences à l'avantage de la Langue naturelle. 1°. Elle eſt la plus véridique , & celle à laquelle nous avons le plus de confiance. Si un courtiſan vous proteſte qu'il eſt ravi de joie , tandis que le chagrin eſt peint dans ſes yeux , certainement vous croirez ſes yeux plutôt que ſes paroles. Les enfans nient les fautes qu'ils ont commiſes , & on les voit écrites fur leur front. On ne fait pas mentir fon vifage fans un longue habitude, & un empire fur foi-même qui n'eft pas commun.

2.° Elle eft la plus pathétique, ou pour mieux dire, la feule pathétique. Un cri pouffé par un malheureux qu'on affaffine, jette le trouble dans toute une ville, & met en mouvement les hommes, les femmes, les enfans. Ce cri eft une fuite de l'union d'une ame humaine à un corps humain. Quiconque eft homme éprouve en lui-même cette union, & ce qui en eft la fuite. La vue d'un de nos femblables, accablé d'une violente douleur, nous afflige malgré nous, & quelquefois nous arrache des larmes. Telle eft la force du langage de la nature. Mais quel empire peuvent exercer fur l'ame, des mots latins ou françois ? Ils n'ont aucune liaifon avec elle. C'eft un vain bruit, semblable au souffle d'un vent léger, qui frappe l'organe, sans pénetrer jusqu'au cœur. Si un discours véhément nous échauffe & nous remue, cet effet ne vient pas des paroles, mais de l'action de l'orateur. Les anciens l'avoient observé; & en conséquence, ils regardoient l'action comme la partie la plus importante de l'art oratoire. Si, à la lecture d'un livre touchant, notre cœur est ému; ce n'est pas le livre même, qui excite en nous ces sentimens, mais la force de l'imagination, qui nous représente les objets, comme s'ils étoient sous nos yeux. Qu'on observe l'impression que fait sur différens lecteurs le même ouvrage. Il enflamme ceux qui sont nés avec une imagination vive & agissante; il ébranle à peine ceux dont l'imagination est froide & paresseuse.

3.° La Langue naturelle eſt plus répandue que toutes les autres. Elle a cours d'un bout de la terre à l'autre. Dans les forêts de l'Amérique, un Européen ſe fait entendre d'un Huron. Il lui·demande à boire , à manger. Il n'eſt pas certain que les Terres Auſtrales ſoient habitées ; mais il eſt certain que ſi le premier navigateur qui y abordera, y trouve des hommes , il poura par des ſignes, connoître leurs penſées , & leur communiquer les ſiennes. Il ſemble même que la Langue naturelle ne ſoit pas ignorée des animaux. On croit entendre ſon chien, & en être entendu. Le Créateur voulant établir quelque commerce entre l'homme & les animaux, leur a donné des organes ſemblables à ceux du corps humain. Nous voyons des mouvemens extérieurs , pareils aux nôtres ; nous les interprétons dans le même fens. Cette apparence fuffit pour lier entr'eux des êtres différens, & remplir les deffeins du maître. Qu'on difpute après cela fur la nature du reffort qui fait mouvoir les animaux. Eft-il purement matériel ? participe-t-il aux qualités des efprits, mais dans un ordre inférieur à celui des ames humaines ? Queftion difficile, & dont peut-être le Créateur s'eft réfervé le fecret.

Je reviens à l'étendue de la Langue naturelle. Ne foyons pas furpris qu'elle foit commune à tous les hommes ; elle eft le lien de leur fociété. Car tout homme eft en fociété avec les autres hommes. Un même principe, une même nature, une même fin & les inclinations fociales, le prouvent affez. Mais toute fociété doit avoir un langage commun. Si les membres ne s'entendoient pas les uns les autres , comment pouroient-ils être avertis de ce qu'ils doivent , ou exiger ce qui leur est dû ? Tout homme , en parlant par signes , peut être utile à un autre homme , & tirer de lui quelque utilité.

Les sociétés particulières , qu'on appelle des nations , ne détruisent point cette société générale ; aussi les Langues nationales n'ont point fait cesser l'usage de la Langue naturelle. Dans le commerce de la vie, l'air du visage , les yeux , les gestes ont beaucoup de part à la conversation. Ils suppléent à l'indigence du langage national ; ils en éclaircissent les équivoques ; ils remédient à l'infidélité de la mémoire , à l'imperfection des organes ; ils servent sur-tout à confirmer la vérité du discours , & à le rendre plus touchant & plus animé.

Jufqu'ici la Langue naturelle l'emporte. Mais fi nous confidérons maintenant la variété des penfées que l'efprit humain peut concevoir, nous verrons les avantages d'un difcours articulé. Il n'eft aucune penfée que celui-ci ne rende facilement & nettement ; au lieu qu'il en eft plufieurs que la Langue naturelle ne peut pas exprimer, ou qu'elle n'exprime que d'une manière obfcure & équivoque.

Pour en fentir la raifon, obfervons qu'une penfée ( j'entends par-là, non pas une fimple perception, mais un jugement ou une propofition ) eft une combinaifon de plufieurs idées, qui ont entr'elles des rapports déterminés ; en forte que deux penfées ne peuvent différer que de l'une de ces trois façons.

1.° Si les idées & leurs rapports font différens : *L'amour des Lettres eft louable. Il convient de préférer la vertu au plaisir.* Tout est différent dans ces deux pensées, idées & rapports.

2.º Si les rapports sont différens, les idées étant les mêmes : *Pyrrhus a vaincu les Romains. Les Romains vaincront Pyrrhus.* Les idées sont les mêmes : *Pyrrhus ... vaincre ... Romains ...* Les rapports sont très-différens.

3.º Si les rapports étant les mêmes, les idées sont différentes ; *L'amour des Lettres est utile au bonheur de la vie : La gloire des Armes est nécessaire à la splendeur de l'Etat.* Les rapports sont les mêmes, quoique les idées soient différentes, *l'amour des lettres ... la gloire des armes.* C'est le même rapport entre *lettres* & *amour,* qu'entre *armes* & *gloire;* & ainsi des autres.

Or, une langue articulée se plie également à tous ces cas. Elle a pour

les idées & pour les rapports des fignes détachés les uns des autres, qui
fe combinent de toutes les manières
poffibles. Elle fuit la marche de l'efprit pas à pas. A une idée elle attache
un certain figne ; au rapport de cette
idée, un autre figne ; ainfi le difcours
eft une image fidèle, qui repréfente
les traits de la penfée. Il s'en faut
bien que la Langue naturelle foit
auffi riche, auffi claire, auffi flexible.

1.° Elle manque de fignes propres
pour un grand nombre d'idées. Elle
ne peut indiquer que par des dé-
tours & des efpèces de comparai-
fons, tous les objets immatériels.
Vous voulez faire entendre par des
geftes qu'un homme eft *ambitieux*,
vous repréfentez avec la main quelqu'un qui *s'efforce de monter plus haut*,
*& encore plus haut*. On comprendroit
mieux votre penfée par ce feul mot
articulé, *c'eft un ambitieux*.

2.º Elle donne souvent aux objets matériels des noms équivoques. Lorsqu'un objet est présent, son nom en langage naturel est le geste par lequel on tourne sur lui l'attention du spectateur. Je montre *un oiseau* des yeux & de la main, c'est le nommer très clairement. Mais dans l'absence de l'objet, son nom est l'indication de ses qualités extérieures, telles que la figure, la grosseur, la couleur, &c. Or, ces qualités étant communes à plusieurs objets, cette indication ne marque pas toujours bien clairement l'objet particulier dont on veut parler ; outre qu'il est souvent très difficile de représenter par des gestes, la forme ou les autres qualités des objets.

3.º Elle ne peut pas s'analyser comme la pensée, parcequ'elle manque totalement de signes pour exprimer les rapports. Quel eſt le geſte qui ſignifie *car*, *quoique*, *du*, &c. Quelquefois elle rend une penſée entière par un ſeul geſte ; un ſigne de la main ſignifie, *retirez-vous loin de moi :* quelquefois elle emploie une ſuite de geſtes, dont le ſpectateur devine la liaiſon. C'eſt ainſi que les muets racontent des hiſtoires, en imitant ſucceſſivement les poſtures de tous les perſonnages.

Ces imperfections de la Langue naturelle en reſſerrent l'uſage dans des bornes aſſez étroites. Les ſentimens de joie, de douleur, d'admiration, de mépris, &c. actuels, & perſonnels à celui qui parle, elle les fait connoître plus promptement & plus ſurement que les paroles les plus expreſſives. Les penſées directes & dont l'objet eſt ſenſible & actuellement ſous les yeux, elle les rend auſſi très intelligiblement ; mais les

ſentimens d'autrui , les penſées ré-
fléchies , & en général toute opéra-
tion de l'eſprit qui embraſſe des
rapports compliqués , elle les exprime d'une manière obſcure & équivoque.

Il faut convenir cependant qu'on
ne peut pas lui fixer des bornes pré-
ciſes : il y a des perſonnes qui la
parlent plus éloquemment que les
autres. On ſait à quelle perfection
étoit parvenu l'art des pantomimes.
On raconte des choſes merveilleuſes
des *muets* du Grand Seigneur. Eh !
Qui ſait juſqu'où ſe ſeroit étendu le
langage des yeux , des lèvres , des
doigts , des grimaces même & des
contorſions, ſi le beſoin avoit forcé
les hommes à le perfectionner ? Mais
au contraire il eſt arrivé que l'uſage
de la parole a diminué celui des
geſtes. Les Langues articulées ſe
ſont enrichies inſenſiblement , elles

ont fourni un moyen plus commode de mettre au jour ſes penſées. Les mouvemens du corps, fatiguans pour celui qui les fait & pour celui qui les regarde , dès qu'ils n'étoient plus néceſſaires , ont dû être retranchés. Parmi les nations policées on geſti-cule peu en parlant ; c'eſt une des règles de la bonne éducation ; on n'a conſervé que les geſtes qui don-nent au diſcours plus de clarté ou plus de force.

Nous avons dit que les Langues articulées expriment diſtinctement les idées & leurs rapports. En effet, c'eſt le but auquel ſe dirigent les différentes parties dont elles ſont compoſées. Prenons pour exemple la Langue françoiſe : tous les termes qu'elle contient ſe rangent ſous neuf claſſes , que les grammairiens ont appellées les neuf parties de l'orai-ſon ou du diſcours. Voici les noms

& des exemples de chacune de ces claſſes.

1.° L'article , *le* , *la* , *du* , *des.*

2.° Le nom , *ſoleil* , *illuſtre.*

3.° Le pronom , *moi* , *votre* , *qui.*

4.° L'adverbe , *promptement.*

5.° Le verbe , *aimer* , *croire.*

6.° Le participe , *battant* , *battu.*

7.° La conjonction , *car* , *ſi* , *&.*

8.° La prépoſition , *dans* , *avec.*

9.° L'interjection , *ah* , *ho* , *hélas.*

Cette dernière claſſe appartient proprement à la Langue naturelle , puiſqu'elle ne contient que des cris , dont le ſon eſt différent ſelon la conformation différente des organes de chaque nation : *hélas* , *alas* , *laſſo* , *leider* , ſont le même cri pouſſé par une gorge Françoiſe, Angloiſe, Italienne, Allemande. On trouve quelquefois des mots articulés rangés dans la claſſe des interjections , par exemple : *courage* , *allons.* Ce ne ſont pas de vraies interjections: ce font des mots de l'efpèce des autres de la même claffe; mais qui forment un fens complet par une ellipfe que l'ufage a introduite: *Courage*, c'eft-à-dire, *prenez courage, ayez du courage*, & ainfi des autres.

En retranchant cette neuvième claffe, il en refte huit, que je réduis à deux feulement. La première, des termes qui fignifient une idée, ou une chofe; elle renferme cinq des parties grammaticales d'oraifon, favoir: 1.° le nom, *foleil*; 2.° le pronom, *moi*; 3.° l'adverbe, *promptement*; 4.° le verbe, *aimer*; 5.° le participe, *aimant*. La feconde, des termes qui fignifient un rapport entre les idées, ou les chofes. Elle renferme quatre des parties grammaticales, favoir: 1°. l'article, *le*; le pronom, *qui*; 3.° la conjonction, *car*; 4.° la prépofition, *avec*. Le pronom fe trouve

dans

dans les deux claſſes que j'établis ; parcequ'il a plu aux Grammairiens de donner la même dénomination à des termes d'une eſpèce fort diffé- rente. *Moi* eſt un pronom , & il ſignifie une choſe réelle, un homme qui parle ; *qui* , eſt auſſi un pronom , & il ne ſignifie pas un être réel , mais la relation d'un être nommé précé- demment à une action ou à une choſe qui va être dite.

Il eſt très important, pour ſe for- mer des notions claires du langage humain , de bien diſtinguer les ter- mes , ſignes des idées , & les ter- mes , ſignes des rapports. Conſidé- rons cette propoſition complexe , *Dieu qui a créé le monde , eſt tout- puiſſant* , elle ne renferme que qua- tre termes , ſignes d'idées , *Dieu , créer , monde , tout - puiſſant*. Qu'on analyſe tant qu'on voudra , on ne trouvera pas une cinquième choſe

C

réelle. Quel eſt donc l'emploi des quatre autres termes, *qui*, *a*, *le*, *eſt* ? Ils ſignifient les rapports qu'ont entr'elles les quatre choſes réelles qu'on a nommées. *Qui*, indique le rapport de *Dieu* à *créer* ; *a*, celui de *créer*, au temps paſſé ; *le*, ceux de *monde*, au genre maſculin & à l'unité ; *eſt*, celui d'union entre *Dieu* & *tout-puiſſant*.

Au reſte, il y a une différence eſſentielle entre les termes de ces deux claſſes. Ceux de la ſeconde ne reveillent par eux-mêmes aucune idée : ils ſignifient purement le rapport. L'idée à laquelle ce rapport appartient, doit être ſignifiée par un autre terme qui précède ou qui ſuit. *Qui*, *avec*, *dans*, ſont des mots vuides de ſens, à moins qu'on n'en ajoute un autre : *Dieu qui*, *avec vous*, *dans la campagne*. Mais les termes de la première claſſe ne ſi-

-gnifient pas une idée fans aucun rapport. Le langage humain, au moins tel qu'il eſt dans la Langue Françoiſe, ne porte pas ſi loin l'abſtraction. Il n'y a point de noms, de pronoms & de participes qui ne marquent le rapport au nombre. *Soleil*, *moi*, *aimé*, marque le rapport à l'unité. Tout verbe marque le rapport au temps ; *aimer*, eſt au temps préſent. Tout adverbe marque le rapport à la manière d'agir, *promptement* eſt l'idée *promptitude*, appliquée à l'action dont on parle.

De plus il eſt permis, en faiſant un léger changement dans le ſon des noms, des pronoms, des verbes & des participes, de leur faire ſignifier quelqu'autre rapport. Je change *ſoleil* en *ſoleils*, il ſignifie le rapport à pluſieurs ; *lequel* en *duquel*, il ſignifie le rapport de l'effet à la cauſe ; *aimer* en *aimois*, il ſignifie

les rapports à la perſonne qui parle ;
& au temps paſſé, *aimé* en *aimée*, il
ſignifie le rapport au genre féminin.

On peut donc, pour plus de clarté,
diviſer en trois claſſes tous les mots
d'une Langue. La première contiendra ceux qui ſignifient une idée avec
ſon rapport le plus ſimple dans le
françois, *ſoleil*, *moi*, *croire*, *promptement*. J'appellerai cette claſſe *les
mots*. La ſeconde contiendra ces
mots de la première claſſe, lorſqu'ils
ont ſubi un changement qui leur fait
ſignifier d'autres rapports ; comme,
*aimerai*, c'eſt le mot *aimer* qui a
changé de terminaiſon, & qui en
conſéquence marque les rapports à
la perſonne qui parle & au temps
futur : cette claſſe s'appellera *les
inflexions*. Enfin la troiſième contiendra ceux qui ſignifient purement
un rapport, ſans réveiller aucune
idée, *qui*, *car*, *mais* ; elle s'appel-

lera *les particules*. En effet, ce font les plus petites parties d'une Langue; mais elles ne font pas moins nécef-faires que les autres, puifqu'elles forment la liaifon du difcours.

On voit que les inflexions & les particules marquent également le rapport d'une idée, *force corporelle*, *force du corps*. Le rapport du *corps* à *la force* eft marqué dans le premier exemple par l'inflexion *corporelle*, dans le fecond par la particule *du*. Il y a feulement cette différence, que dans l'inflexion, le figne du rapport eft attaché à celui de l'idée, *corporelle* eft un feul & même mot; au lieu qu'avec la particule le figne du rapport eft abfolument détaché de celui de l'idée; *du corps*, ce font deux mots féparés.

Tous les mots qui compofent le difcours fignifient donc ou une idée, ou un rapport entre les idées, ou l'un & l'autre enſemble ; & il eſt à propos, pour raiſonner ſur les Langues, de ſavoir diſtinguer ces trois claſſes. Je dis pour raiſonner ſur les Langues : car pour les étudier, cette eſpèce de grammaire , quelque ſimple qu'elle ſoit , n'eſt pas néceſſaire. Je l'aurois ſupprimée , auſſi - bien que les obſervations précédentes ſur l'origine & les progrès du langage , ſi mon deſſein étoit ſeulement de former des élèves ſelon la méthode que je propoſe. Mais je travaille à prouver la bonté de cette méthode , & pour cela , j'ai eu beſoin de remonter aux principes de l'art de parler.

Ceux que j'ai établis me paroiſſent le vrai fondement de l'étude des Langues. On va voir qu'ils expliquent clairement, & conformément à l'expérience, la manière dont tous les enfans apprennent la langue de leur pays , & celle dont on peut apprendre fur ce modèle , toutes les autres Langues. Sans doute on ne refufera pas la préférence à une méthode que nous tenons de la nature même.

## ARTICLE IV.

### Comment on apprend à entendre la Langue maternelle.

UN enfant eſt dans les bras de ſa nourrice : ſon père arrive , & la nourrice dit , *papa. Papa* , eſt un terme de la Langue Françoiſe , que l'enfant n'entend pas ; mais en même temps que la nourrice le pronnonce , & le répète , elle fixe les yeux ſur l'homme qui vient , elle le montre de la main , elle s'avance vers lui. Ces mouvemens font des termes de la Langue naturelle : l'enfant les entend , & ils lui expli-

quent la signification du mot *papa.*
La même leçon se répète le soir ,
le lendemain, tous les jours. Après
un certain temps , le mot s'unit à
l'idée représentative de la personne.
Cette union une fois faite , dès que
le son *papa* frappe les oreilles de
l'enfant , il réveille en lui cette
même idée. Voilà un mot appris ;
tous les autres s'apprendront successivement par la même méthode.

Il y a cependant quelque difficulté pour les noms des objets qui
ne tombent pas sous les sens. Comment expliquer par des gestes ce
que signifie le terme *reconnoissance* ?
Un hasard dont la gouvernante
saura profiter , lui en fournira le
moyen. L'enfant desire vivement
quelque chose ; il l'obtient. S'il est né
reconnoissant , son cœur sera péné-
tré en ce moment d'un sentiment
inconnu. La gouvernante prononce

alors le mot *reconnoiſſance* , & par un geſte elle l'applique à cette émotion nouvelle ; la liaiſon entre le ſentiment & le mot commence à ſe former , & dans la ſuite elle ſe reſſerrera par la répétition du même événement. D'où l'on voit que s'il naît des hommes ingrats , ils ne peuvent pas ſavoir ce que c'eſt que le ſentiment appellé *reconnoiſſance*, comme un aveugle né ne ſait pas ce que c'eſt que la couleur appelée *rouge*.

Ainſi tout l'artifice des leçons de la nature pour enſeigner la valeur des mots , conſiſte en deux choſes. 1.° Le mot , & l'idée , dont il eſt le ſigne , doivent être enſemble préſens à l'eſprit ; 2.° un terme de la Langue naturelle correſpondant à celui de la Langue articulée, doit ſurvenir , interpréter le mot inconnu , & l'unir à l'idée.

Lorſque l'enfant ſait la valeur

d'un certain nombre de mots , la nature commence à lui enfeigner celle des inflexions & des particules. Mais cette partie de l'ouvrage, quoique la moins longue , eſt la plus difficile. La Langue naturelle ne connoît point les mots de ces deux claſſes , ainſi elle ne peut pas y ſubſtituer des équivalens de la même eſpèce. La totalité d'une action extérieure y ſupplée. L'enfant ſollicite des yeux & de la main la permiſſion de jouer , la gouvernante lui répond des yeux & de la main , c'eſt-à dire , dans une Langue commune entr'eux, qu'elle le lui permet , en même temps elle dit , *jouez* ; l'action extérieure interprète l'inflexion *jouez*. Une autre fois l'enfant veut jouer avec ſa gouvernante , elle le refuſe ; & lui faiſant ſigne d'aller trouver ſon frère , elle dit en même temps , *jouez avec votre frère*. Il comprend par-là

·le fens de la particule *avec*. Tous les mots de ces deux claffes fe préfentent fuceffivement dans le commerce journalier , & toujours ils font interprétés par les geftes qui les accompagnent. Ainfi la valeur des inflexions & des particules s'apprend par la même méthode que celle des mots.

Puifque la Langue Françoife n'eft compofée que de mots qui fe rangent fous ces trois claffes , on voit par les exemples que j'ai rapportés , comment les enfans peuvent l'apprendre. Mais ce que j'ai dit en peu de paroles ne s'exécute qu'en plufieurs années. Que de leçons à donner ! & combien de fois il faut répéter chaque leçon ! Il eft vrai que dans le cours de l'ouvrage , il furvient un fecours qui accélère les progrès. Les mots articulés dont l'enfant fait déja la valeur , aident à

lui expliquer ceux qu'il ne fait pas
encore. Il a quelques idées de *père*
& *d'homme*; on lui dit que *Dieu* eft
*le père des hommes* : par - là on commence à lui expliquer le mot *Dieu.*
Il a alors deux interprètes, au lieu
qu'au commencement il n'en avoit
qu'un : la Langue nationale fe joint
à la Langue naturelle. Mais le fecond interprète fuit exactement la
méthode du premier. Au mot inconnu il fubftitue un ou plufieurs
mots connus, qui en font l'équivalent. Voilà tout le fecret : du refte
nulle règle générale, nul principe,
nul raifonnement. Cette obfervation
eft fondamentale dans le fujet que
je traite , & je la répéterai plus
d'une fois. Les leçons de la nature
fe bornent toujours à un fait , dont
elle n'enfeigne ni les raifons , ni
les conféquences. Tel mot françois,
telle inflexion, telle particule figni-

fient telle chofe. La fcience des enfans n'eft que la fomme de ces faits recueillis fucceffivement. Rien de fi fimple & de fi uniforme que cette méthode. Cependant le fuccès en eft infaillible. Il n'eft jamais arrivé que quelqu'un né & élevé dans un pays , n'en ait pas entendu le langage.

## ARTICLE V.

*Comment on apprend à parler la Langue maternelle.*

EXAMINONS maintenant par quelles leçons on apprend à parler. C'eft un fecond degré auquel on ne monte qu'après avoir paffé par le premier.

On peut entendre une Langue qu'on ne parle pas ; mais il eft impoffible de parler une Langue qu'on n'entend pas. On entend , quand les mots reveillent les idées : on parle quand les idées rappellent les mots. Or l'action est réciproque sans être égale. Celle des mots sur les idées est plus prompte & moins variable. Nous en avons la preuve devant nous & dans nous-même. Un enfant comprend tout ce qu'on lui dit, & il ne sait pas exprimer une partie de ce qu'il pense. Des gens du monde entendent facilement le latin, & ne pourroient pas le parler. Tous les jours nous cherchons long-temps dans notre mémoire le nom d'un objet qui est sous nos yeux, & jamais nous n'hésitons sur les sens des mots ordinaires.

La nature qui a conduit l'enfant au premier degré, le conduit bientôt au second. Elle l'avertit qu'il peut imiter la parole comme les gestes. Le desir de communiquer ses pensées par cette voie, l'excite à tenter de faire usage des organes

qui y font deftinés. Un befoin phy-
fique le preffe encore. Ces organes
reçoivent tous les jours quelque ac-
croiffement ; & les parties qui fur-
viennent, ont befoin qu'il fe faffe du
mouvement pour prendre leur place
avec moins de réfiftance. Enfin tout
bruit modéré réjouit les enfans ,
parce qu'il exerce le fens de l'ouïe.
Par toutes ces raifons un enfant crie
fans ceffe & balbutie , tant qu'il ne
peut que crier & balbutier ; & dès
que fes organes ont acquis la foli-
dité néceffaire, il articule. Les fons,
*papa*, *maman* , font les plus faciles
à tirer de l'inftrument qui forme la
voix. De plus, l'enfant qui les entend
mille fois le jour , a fans ceffe devant les yeux la pofition qu'ils exigent dans les parties extérieures de
l'organe. Il prononcera donc d'ordinaire ces mots , *papa* , *maman* ,
les premiers de tous. Il paffera en-

fuite au nom des autres objets qui lui feront familiers & chers ; enfin il arrivera à prononcer tous les mots dont on lui fera entendre le fon.

Dès qu'un enfant peut prononcer, il s'efforce de communiquer fes penfées. Pour cela il fubftitue à chacune de ces idées le mot qui en eft le figne, *maman*, *bonbon*, *donner*. Tel eft d'abord fon langage, fans inflexions & fans particules. Il eft étonné qu'on ne l'entende pas, & il doit l'être. Il a parlé jufques-là la langue naturelle, qui, comme nous l'avons vu, n'a des fignes que pour les idées ; rien ne l'avertit que dans la Langue nationale, d'autres fignes font néceffaires pour marquer les rapports. D'ailleurs, les idées ne font jamais équivoques dans l'efprit qui les conçoit ; comme il met entr'elles quelle relation il lui plaît, il ne peut pas ignorer la relation

qu'il

qu'il y a mife. Un enfant voit donc fa penfée très clairement dans. fes idées ; & il doit croire que les mots qui en font les fignes , feront auffi clairs pour vous que les idées le font pour lui. L'expérience le détrompe, & lui fait connoître que le fens des mots affemblés eft vague en lui-mê-me , & qu'il eft néceffaire de le dé-terminer par les inflexions & les particules.

Mais les Langues ne fe contentent pas de ce qui eft néceffaire pour la clarté du difcours ; elles emploient les inflexions & les particules , fans autre motif que l'ufage , c'eft-à-dire , la fantaifie de ceux qui ont parlé les pre-miers. Auffi dans certaines occafions le jargon d'un enfant eft-il plus phi-lofophique que la leçon de fa gou-vernante. Il dit : *moi étudier demain :* elle le reprend , & lui fait dire, *j'étudierai demain.* S'il favoit défendre fa caufe , il prouveroit bien qu'elle a tort. De quoi vous plaignez - vous , lui diroit - il , ne vous ai - je pas marqué fans nulle équivoque la perfonne *moi* , l'action *étudier* , le temps *demain ?* Pourquoi voulez-vous que je joigne au verbe un fecond figne de la perfonne & du temps ? Il vous eft inutile pour m'entendre, & je ne parle que pour être entendu.

Mais on ne raifonne pas avec les enfans. Il faut qu'ils apprennent à affembler les mots de leur Langue, non - feulement comme l'exige la clarté du difcours , mais felon la fantaifie de ceux qui les ont précédés. Quels moyens emploiera la nature pour venir à bout d'une entreprife fi difficile ? Deux feulement, & auffi fimples l'un que l'autre ; l'imitation & l'analogie. L'enfant demande du bonbon , *donner bonbon :*

la gouvernante le lui fait acheter ,
en l'obligeant à répéter d'après elle,
*donnez-moi du bonbon.* Voilà l'imitation. Elle lui dit , *allons étudier* , il
répond , *allons jouer* , voilà l'analogie. Ces deux moyens ne font
pas également furs. L'imitation ne
trompe jamais , pourvu que les perfonnes employées à l'éducation parlent bien. L'analogie égare fouvent,
parceque les ufages font différens,
quoique les cas foient femblables :
*de cheval* on forme *chevaux* , *de bal*
on ne forme pas *baux* , mais *bals.*
Dans ces cas-là il faut encore en
revenir à l'imitation , feul maître
infaillible , dont l'analogie ne fait
que répéter & étendre les leçons.

On n'a jamais imaginé d'autre
méthode que de parler aux enfans,
& de les faire parler. Si on leur
donnoit des principes généraux, en
leur laiffant le foin de les appliquer

aux cas particuliers , je doute qu'ils parvinssent jamais à arranger une seule phrase. On veut les habituer à dire *ma sœur* , & non pas *mon sœur* , leur explique-t-on la concordance de l'adjectif avec le substantif ? On fait mieux. On leur dit , & on leur fait répéter , *mon frère , ma sœur , un beau jour , une belle nuit.* Ils apprennent ainsi par l'usage ce qu'ils n'apprendroient jamais par le raisonnement.

Cette route paroît la plus longue , parcequ'elle est d'un détail immense ; car il faut passer successivement par tous les mots & par chacune de leurs significations ; par toutes les inflexions & par chacune de leurs irrégularités ; par toutes les particules & par chacun de leurs usages ; cependant on arrive au but plus promptement , parcequ'on ne s'arrête jamais. Tous les jours on fait un pas en avant : & ce pas eſt toujours en ˄ligne droite vers le terme ; au lieu qu'avec des règles générales on eſt ſouvent arrêté, ou par la difficulté de les comprendre, ou par la difficulté plus grande, d'en faire l'application ; & lors même qu'on avance, on fait un long circuit, qui épuiſe les forces, & qui emploie le temps en pure perte. Mais qu'eſt-il beſoin de chercher des preuves, lorſque l'expérience eſt claire & déciſive ? Y a-t-il eu un enfant qui n'aït pas appris à parler la Langue de ſon pays en écoutant & en répétant? Quelques-uns ſont plus retardés que les autres, ou par l'imperfection des organes, ou par la légèreté de l'eſprit. Il faut avoir la patience d'attendre. L'ouvrage de la nature ſe fera certainement ; mais le moment où il doit finir n'eſt pas marqué. On ne le hâteroit pas, comme quelques perſonnes le croient, par l'étude de la grammaire. Ce n'eſt pas la route directe. Et comment eſt-il poſſible en parlant de ſonger aux règles ? Qu'on ait ſoin qu'un enfant ne liſe que des livres écrits purement ; qu'il n'entende que des perſonnes qui parlent bien ; qu'on corrige ſur le champ les phraſes où il fait quelque faute, & qu'on les lui faſſe répéter exprimées correctement ; on apercevera bientôt un progrès ſenſible, parcequ'on marchera par le chemin que la nature a ouvert, & qui aboutit directement au terme où on veut arriver.

# CHAPITRE II.

## De l'étude pour entendre une seconde Langue.

PUISQU'UN enfant a déja appris une Langue par une méthode connue, & dont on voit par des épreuves sans nombre que le succès est infaillible, pourquoi chercher une autre méthode pour lui apprendre une seconde Langue ? Si l'art suit exactement les procédés de la nature, il aura le même succès. Mais j'aperçois d'abord une différence notable : la nature enseignoit par les gestes & ensuite par la conversation la première Langue ; l'art enseignera la seconde par la seule lecture : je ne sais de quel côté est l'avantage.

## ARTICLE I.

*Une seconde Langue est-elle plus facile ou plus difficile à entendre que la première ?*

EN premier lieu, dans les leçons de la nature, deux organes agissent en même temps ; l'oreille entend un mot inconnu, & l'œil en voit l'interprétation dans le geste de celui qui parle. Lorsqu'on étudie en lisant, le même organe agit deux fois successivement : l'œil lit un mot inconnu, ensuite il lit le mot connu qui en donne l'interprétation. Cet intervalle, quelque court qu'il soit, est peut-être très important ; puisque pour lier le connu à l'inconnu, tous les deux, comme nous l'avons remarqué, doivent être présens à l'esprit au même instant.

En second lieu, l'attention con-

tribue à ferrer le lien qui unit le
connu à l'inconnu ; or le befoin
d'une première Langue excite l'attention plus vivement que la curiofité pour une feconde.

En troifième lieu , la plupart des
mots n'expriment pas une idée fimple & détachée de toutes les autres.
Un mot eft originairement , comme
nous l'avons vu , le nom d'un objet
fenfible ; or un objet fenfible a plufieurs qualités ; fon nom doit donc
exprimer plufieurs idées , dont chacune foit l'image d'une des qualités
de l'objet. Ainfi , quand on apprend
une Langue , on combine fes idées
en mille manières , pour en former des maffes ou collections qui
correfpondent aux différens mots.
De plus , les idées réunies pour former une maffe , s'attachent infenfiblement les unes aux autres ; & après
un certain temps elles réfiftent à leur

séparation. La preuve en est qu'un seul mot rappelle toutes les idées d'une même masse ; & si par hasard une de ces idées, dans une rêverie, se présente seule à l'esprit, elle amène bientôt toutes les autres à sa suite.

De-là une plus grande facilité d'apprendre la première Langue. Alors on forme sans aucune peine les collections d'idées qu'elle exige, & on ne risque pas de confondre une de ces collections avec l'autre. Mais en apprenant une seconde Langue, les nouvelles collections ne se font pas sans beaucoup de travail, parceque souvent il faut séparer des idées qui étoient jointes depuis long-temps. D'ailleurs, on court le risque de confondre les collections faites pour la seconde Langue avec celles de la première. Un exemple rendra la chose plus sensible : quand on nous a expliqué

le sens du mot françois, *empereur*,
il ne nous en a rien coûté pour raf-
sembler les différentes idées qu'il
renferme : nous en avons fait une
maffe qui se reveille toute entière,
quand nous entendons le son *empereur*. Dans la suite nous avons appris
le latin : & en nous expliquant
*imperator*, on nous a renvoyés d'a-
bord à *empereur*, qui eft le même
mot prononcé & terminé à la françoife. Il eft vrai qu'on nous a avertis
de ne pas prendre pour *imperator*
toute la collection d'idées faite pour
*empereur*, d'en retrancher quelques-
unes, & d'en fubftituer d'autres en
leur place. C'eft donc une nouvelle
combinaifon à faire fur le fond de
l'ancienne ; travail pénible, à caufe
de la liaifon que les idées ont acqui-
fes ; & parcequ'on eft expofé à
confondre les idées mêmes, & à
les tranfporter mal-à-propos d'une

combinaison à l'autre. C'est pour cette raison qu'on n'arrive peut-être jamais à saisir le sens précis d'une partie des mots étrangers ; du moins n'y arrive-t-on que par une méthode très longue & très réfléchie.

Ces desavantages de l'art sont compensés par la supériorité de l'interprète qu'il emploie. La nature n'a pu se servir que de sa Langue, c'est-à-dire, de cris inarticulés & de gestes. L'art se sert des sons articulés d'une Langue nationale ; or ceux-ci sont infiniment plus commodes. Car 1.° la Langue nationale nomme tous les objets sensibles, absens ou présens, avec une égale clarté; au lieu que les objets étant absens, leur nom exprimé par des gestes, est le plus souvent inintelligible ou fort équivoque. Je veux apprendre à un enfant le sens du mot *lion*. Il faut que je lui montre la figure d'un *lion*; ou si cette figure me manque, que je la lui repréfente par des geftes; mais pour expliquer à un françois le mot latin *leo*, il fuffit de prononcer *lion*. 2.° On ne peut nommer par les geftes, les objets immatériels, qu'au moyen d'un circuit & d'une efpèce de comparaifon; fouvent même l'adreffe du nomenclateur eft en défaut. Mais on les nomme en françois auffi facilement que les objets fenfibles; *JUS*, *le droit*; *VIRTUS*, *la vertu*, &c. 3.° Et cet article eft le plus important: la Langue naturelle a une compofition qui n'appartient qu'à elle feule; puifque, comme nous l'avons vu plus haut, elle ne fait ufage ni d'inflexions ni de particules; mais la marche de toutes les Langues nationales eft la même. Les phrafes de différentes Langues qui expriment la même penſée, ſont comme différens portraits de la même perſonne. Les ornemens du tableau, les habillemens, les attitudes ne ſe reſſemblent pas, mais les traits du viſage ſe reſſemblent ; c'eſt le même front, la même bouche, les mêmes yeux. Ainſi, quoiqu'on n'entende pas encore une phraſe latine, on ſait d'avance qu'elle eſt ſemblable à la phraſe françoiſe, qui exprime la même penſée ; qu'elle contiendra comme elle des mots pour ſignifier les idées, des inflexions & des particules pour en faire la liaiſon & en marquer les rapports. Le françois fournira donc toujours pour chaque terme du latin un terme équivalent, ou à-peu-près. Ainſi l'étude ſe réduira à comparer les deux phraſes. On poura toujours les appliquer l'une ſur l'autre, pour reconnoître les parties qui fe répondent. Par cet exercice le figne latin fe joindra dans l'efprit au figne françois , & après un certain temps la vue de l'un fuffira pour rappeler l'idée de l'autre. C'eft ainfi que dans l'enfance les mots françois fe font joints aux idées, & qu'aujourd'hui la vue ou le fon du mot françois rappelle fur le champ l'idée à laquelle il a été joint.

On doit, ce me femble, conclure de ces réflexions, qu'il eft plus facile d'apprendre une feconde Langue dans la jeuneffe , qu'il ne l'a été d'en apprendre une première dans l'enfance. Cependant tous les en-fans, fans en excepter un feul, & fans diftinction du plus ou du moins d'intelligence , favent le françois ; & il s'en faut beaucoup que tous les jeunes gens , même avec beau-coup d'efprit , ne fachent le latin. Je conviens que par rapport à quel-

ques-uns , l'indocilité & l'inapplica-
tion peuvent nuire au fuccès de
leurs études. Mais je foupçonne auffi
qu'un grand nombre eft rebuté par
les défauts de la méthode ordinaire ,
qui exige d'eux une fermeté de mémoire & une juftefse de raifonnement au deffus de leur âge. Effayons
de leur ouvrir un chemin plus facile ,
& parallèle à celui par lequel nous
avons tous marché. Je demande
grâce pour le détail fec & ennuyeux
dans lequel je vais entrer. Mon but
eft d'être utile : & je ne puis l'être
qu'en développant de la manière la
plus détaillée la méthode que je
propofe.

ARTICLE II.

## ARTICLE II.

*Expofition de la méthode, par une double verfion, l'une des mots, l'autre de la penfée.*

JE fuppofe qu'un jeune homme me demande mes avis pour apprendre le latin, c'eft-à-dire la Langue du fiècle d'Augufte. La converfation feroit fans contredit le moyen le plus naturel & le plus fûr. Mais je ne puis pas l'employer, puifqu'on ne parle plus cette Langue. J'y fubfti-tuerai la lecture, qui en approche beaucoup. Un auteur parle dans fes écrits. Le lire, ce n'eft pas con-verfer avec lui, mais au moins c'eft l'écouter.

Mon premier foin fera donc de propofer à mon élève de choifir un auteur, qu'il puiffe entendre parler.

comme il entendoit autrefois fa nourrice & fa gouvernante. Ce choix demande quelque attention. Nous exclurons d'abord les écrivains qui traitent des matières abſtraites & difficiles par elles-mêmes, comme Cicéron dans les Queſtions académiques. Un commençant feroit contraint de partager les forces de fon efprit : & il a befoin de les appliquer toutes à fon objet. Nous exclurons de plus les poëtes , & même les orateurs. Leur ſtyle a des difficultés particulières , propres au genre de leurs ouvrages ; & c'en eſt affez pour un commençant, d'avoir à vaincre les difficultés propres de la Langue. Ainſi nous nous bornerons aux hiſtoriens , tels que Cefar, Saluſte , Tite - Live , Quinte-Curce , ou Tacite. Ces deux derniers ne font pas précifément du bon fiècle ; mais ils n'en font pas fort

éloignés ; & il y auroit une déli-
catesse outrée à ne pas se conten-
ter de savoir le latin comme ils
l'écrivent. S'il s'agissoit d'instruire
un enfant, il seroit plus à propos,
pour piquer sa curiosité, & pour
éviter plus surement les matières
au dessus de sa portée, d'extraire
des morceaux choisis de différens
auteurs. Mais une personne d'un
âge fait, aimera mieux sans doute
lire de suite un même ouvrage. Je
conseillerois de préférer Tacite.
C'est l'historien qui pense le plus
profondément ; & quoiqu'on ne
doive pas s'attendre à le lire avec
plaisir, tant qu'il fera les fonctions
de précepteur, cependant la finesse
de ses pensées diminuera un peu
l'ennui des leçons.

Le choix d'un auteur étant fixé,
voyons comment mon élève, qui ne
sait pas le latin, pourra ouvrir le

livre & l'entendre. Je me flatte de rendre la chose non - seulement possible, mais assez facile. J'observe d'abord que si Tacite vivoit , & qu'il racontât la même histoire qu'il a écrite, son air , ses yeux , ses gestes en feroient comprendre la plus grande partie. Il est vrai qu'un livre inanimé , & des caractères immobiles n'offrent pas le même secours, mais je puis le remplacer, & même avec avantage. Je joindrai à chacun des mots latins le mot françois correspondant. Ainsi j'aurai pour interprète une Langue nationale , au lieu de la Langue naturelle , & des sons articulés au lieu des gestes.

Tacite dit en latin : *Urbem Romam à principio reges habuere.* Je lui ferai dire, *La ville de Rome au commencement des rois eurent.* J'avoue que cette façon de s'exprimer est bisarre ,

ridicule même & peu intelligible.
On ne doit pas en être surpris : elle
n'est ni françoise, ni latine ; parce-
quelle est moitié françoise , moitié
latine ; françoise pour les mots ,
latine pour tout le reste. Cependant,
toute barbare qu'elle est , & par la
raison même qu'elle est barbare ,
elle sera utile à mon dessein. Je
veux rapprocher deux Langues éloignées ; l'intervalle est trop grand
pour le franchir tout d'un coup. Je
le remplis par un discours qui participe de toutes les deux , & qui
par ce mêlange, m'offre un chemin
plus facile pour passer de l'une à
l'autre. Il ne s'agit plus que de prouver qu'en effet ce moyen les rapproche , & pour ainsi dire les réunit.

Examinons d'abord quels sont les
points qui les séparent. *Urbem Romam à principio reges habuere. Au
commencement la ville de Rome eut*

*des rois.* C'eſt la même penſée exprimée d'abord par une phraſe latine, enſuite par une phraſe françoiſe. Or il me paroît que l'une de ces phraſes ne diffère de l'autre que ſur ces quatre points, les mots, le méchaniſme, le ſtyle, & l'arrangement.

1.° Les mots : ce que nous appellons *ville*, les Latins l'appellent *urbs*, *urbem* : ce que nous exprimons par le mot *eurent*, les Latins l'expriment par le mot *habuere*, & ainſi des autres.

2.° Le méchaniſme : j'appelle méchaniſme l'emploi des inflexions & des particules pour lier les idées. Un François veut lier ces idées *ville*, *Rome* ; il inſère entre deux la particule *de*, & il dit, *la ville de Rome.* Un Latin veut lier ces mêmes idées, il n'emploie pas de particule, mais il donne la même inflexion aux deux mots, & il dit, *urbs Roma*, *urbis*

*Romæ, urbem Romam.* Voilà un exemple du différent méchanisme.

3.° Le ſtyle : j'appelle ſtyle d'une Langue l'emploi de certaines idées par préférence à d'autres. Je m'explique. Une penſée peut être rendue par différentes idées, une Langue préfère celles-ci : une autre Langue en préfère d'autres. Un François veut marquer que le gouvernement de Rome a été monarchique, il dira, *Rome a eu des rois.* Tacite, pour exprimer la même penſée, dit, *Des rois ont eu Rome : Reges habuere Romam.* Chez nous c'eſt la ville de Rome qui a des rois : chez Tacite ce ſont les rois qui ont la ville. Horace fait compliment à Mécène ſur ſa naiſſance, & lui dit : *Mécène mis au monde par des rois aïeux ,*

Mœcenas atavis edite regibus.

Un bon traducteur , pour faire le

même compliment , fait dire à Horace en françois : *Mécène, illuſtre rejeton des rois.* La penſée eſt la même , mais pluſieurs des idées ſont différentes. Les idées , *mis au monde, aïeux* , du latin, ne ſe trouvent pas dans le françois ; & les idées , *illuſtre rejeton* , du françois, ne ſe trouvent pas dans le latin. C'eſt cette diffé‑rence que j'appelle le ſtyle d'une Langue. Il eſt diſtingué du ſtyle des auteurs , comme le genre eſt diſtin‑gué des eſpèces , qu'il comprend ſous lui. Nos bons écrivains , quoi‑que chacun ait un ſtyle particulier , ont tous également le ſtyle de la Langue françoiſe. D'ordinaire ce mot *ſtyle* , eſt pris dans un ſens plus étendu , & renferme tout l'art du diſcours. Mais comme mon ſujet m'oblige à diviſer les parties dont cet art eſt compoſé , je demande qu'il me ſoit permis de borner le nom de ſtyle au choix des idées.

4.° L'arrangement des mots : ſi un François employoit les mêmes mots dans ſa Langue que Tacite emploie dans la ſienne, il les arrangeroit ainſi : *Au commencement des rois eurent la ville de Rome.* Tacite les range autrement, *La ville de Rome au commencement des rois eurent. Urbem Romam à principio reges habuere :* c'eſt là ce qu'on appelle les inverſions latines. En effet il y a inverſion dans le latin relativement au françois.

Voilà les quatre différences qui diſtinguent le latin du françois, ou pour mieux dire, une Langue quelconque de toute autre. Si je puis donc les rapprocher ſur ces quatre points, le ſens d'une phraſe latine ſera entendu par ceux qui ſavent le françois. Prenons le même exemple de Tacite : *Urbem Romam à principio reges habuere.*

1.° Je le repréſente ſous cette forme : *A principio reges habuere urbem Romam.* La phraſe latine commence à ſe rapprocher de nous ; parceque les mots ſont *arrangés* comme s'ils étoient françois : c'eſt déja une des différences qui a diſparu.

2.° Je lui donne cette autre forme : *Au commencement des rois eurent la ville Rome.* Elle ſe rapproche davantage : chaque mot latin a été *changé*, & remplacé par le mot françois qui lui répond , ainſi la ſeconde différence ne ſubſiſte plus.

3.° J'y fais encore un léger changement : *Au commencement des rois eurent la ville de Rome.* Ici le *méchaniſme* françois , *la ville de Rome* , a pris la place du méchaniſme latin , *la ville Rome.* C'eſt la troiſième différence , que j'ai fait diſparoître.

4.° Je le préfente enfin fous la dernière forme qu'il doit prendre : *Au commencement la ville de Rome eut des rois.* C'eſt la penſée de Tacite rendue en françois ; parceque non-feulement les mots font françois , non-feulement ils font liés & rangés felon notre uſage ; mais les idées y font employées dans le *ſtyle* de notre Langue ; or le ſtyle latin étoit la feule différence qui reſtoit.

Cette phraſe latine eſt donc deve-nue entièrement françoiſe : & on a pu fuivre de l'œil les progrès de fon changement. Qu'on fuppoſe le même travail fur une page de Tacite , mon élève poura la lire & l'entendre avec une extrême facilité. Mais comme l'uſage de quatre cahiers féparés , pour chacune de ces quatre formes , feroit embarraſſant , & ren-droit l'étude d'une longueur rebu-tante , je vais donner le moyen de

les réunir dans un feul livre élémentaire. C'eft avec le fecours de ce
livre qu'on parcourra le premier
dégré des élémens ; car j'y diftingue
quatre dégrés par lefquels il faut
paffer fucceffivement. Je fournirai
pour chacun un livre qui lui fera
propre, afin que les fecours, comme
je l'ai annoncé, diminuent à proportion des progrès, & que l'élève
s'accoutume infenfiblement à entendre le latin fans aucun fecours.

## ARTICLE III.

*Modèles des livres élémentaires.*

LE livre élémentaire du premier dégré aura cette forme :

### VERSION DES MOTS.

Au commencement des rois eurent

à-*principio*      *reges*      *habuere*

la ville *de* Rome.

*urbem*      *Romam.*

### VERSION DE LA PENSÉE.

Au commencement la ville de Rome eut des rois.

Les quatre opérations que j'ai faites ci-dessus chacune à part, se trouvent réunies dans ce cahier. Les maîtres qui voudroient en compofer de femblables pour l'ufage d'un commençant, doivent obferver :

1.º De placer au deffus du mot

latin le mot françois qui lui répond exactement. Les mots que notre Langue oblige d'ajouter doivent être soulignés.

La ville de Rome.

*Urbem      Romam.*

Je souligne *de*, afin que mon élève soit averti que *Romam* répond à *Rome*, & non pas à *de Rome*. C'est le mot latin *Roma* qui répond à *de Rome*.

2.° D'unir par un tiret les mots auxquels on ne donne un certain sens, qu'à cause qu'on les prend ensemble, ou d'en avertir par quelqu'autre signe :

Au commencement

*——A - principio*

J'unis ces deux mots par un tiret, afin d'avertir mon élève de ne pas croire que *a*, quand il se trouvera seul, signifie *au*, ni que *principio*, signifie, *commencement* ; c'est parce-

que ces deux mots font pris enfemble qu'ils fignifient *au - commencement.*

3.º De compofer la verfion de la
penfée, *Au commencement la ville de
Rome eut des rois* , de façon qu'elle
foit claire ; mais fans aucune recher-
che d'élégance , & en préférant
toujours parmi les phrafes du ftyle
françois, celle qui approche le plus
du ftyle de l'auteur latin.

Le livre élémentaire compofé avec
cette attention, ne laiffe pas la plus
légère difficulté. Il préfente d'abord
le fens précis de chaque mot latin ;
enfuite la penfée de l'auteur exprimée fimplement , mais clairement.
L'élève fe trouve avec Tacite dans
le même cas où il étoit autrefois
avec fa nourrice , lorfqu'elle lui en-
feignoit le françois. Tacite parle
une langue inconnue ; mais le cahier
interprète fur le champ fes mots &

sa pensée, & cette interprétation est plus claire que n'étoient les signes de la tête, des yeux, de la main.

Lorsque mon élève aura lu & bien compris la première phrase dans le livre élémentaire, il fermera ce livre, & lira la même phrase dans une édition de Tacite purement latine. Certainement il la comprendra. Il passera à la seconde phrase, & ainsi de suite, jusqu'à la fin du premier livre des Annales.

Il ne doit pas s'effrayer du peu de progrès des premières leçons. Au commencement quelques lignes suffiront pour épuiser son attention, & peut-être pour lasser sa patience. S'il calculoit sur cette mesure le temps nécessaire pour apprendre le latin, la vie humaine seroit trop courte. Mais il s'apercevra bientôt qu'une page entière ne demandera pas plus de temps, qu'une

seule

feule phrafe n'en demandoit en commençant.

Je l'avertis encore qu'il faut lire
& relire tous les jours fur le texte
purement latin, ce qu'il fait déja ;
afin que l'efprit s'habitue à fe rappeler fur le champ le mot françois
à la vue du mot latin. Il ne fuffit pas
dans cette lecture que le fens de la
phrafe fe préfente en gros ; il faut
appliquer fur chaque mot fa fignification précife : *urbis*, *de la ville*,
& non pas fimplement *la ville*. Je
fais bien qu'on ne parviendra pas
d'abord à cette exactitude ; mais il
faut toujours l'avoir en vue , &
peu-à-peu on en viendra à bout par
la répétition fréquente des mêmes
lectures.

Voilà la vraie & la feule difficulté
des Langues , la néceffité de répéter les mêmes lectures. Je puis épargner à mon élève le dégoût du ru-

diment & de la syntaxe, l'ennui des thêmes & des verfions, le travail même du dictionnaire ; mais je ne puis pas lui épargner la peine de relire fouvent les mêmes mots; parceque c'eft le feul moyen de les imprimer profondément dans fa mémoire. Confultons la nature que nous avons prife pour modèle : combien de fois répète-t-on aux enfans la même leçon?

Lorfque mon élève entendra le premier livre des Annales fur le texte de Tacite, je le ferai paffer au fecond dégré par l'ufage des cahiers fuivans.

Le livre élementaire du fecond dégré fera compofé de deux cahiers féparés :

CAHIER LATIN.

*Sifenna Statilio Tauro, Lucio Libone*

*consulibus , regna Orientis mota , pro-*
*vinciæque Romanæ.* (*)

### CAHIER FRANÇOIS.

Il contient deux versions du latin
de l'autre cahier.

#### *Version des mots.*

Sifenna Statilius Taurus, Lucius Libon
étant consuls , les royaumes d'Orient
furent mis en mouvement , & les provinces Romaines.

#### *Version de la pensée.*

Sous le consulat de Sifenna Statilius
Taurus & de Lucius Libon, il y eut
des troubles dans les royaumes & dans
les provinces Romaines de l'Orient.

Ce second livre ne diffère du
premier qu'en ce que le latin & le
françois font sur des cahiers sépa-

------

(*) C'est le commencement du second
livre des Annales.

rés , & que dans la verfion françoife des mots , on ne fouligne plus ceux que notre Langue oblige d'ajouter ; comme dans le latin on ne joint plus par un tiret , les mots qui doivent être pris enfemble. Ce font de légères difficultés que l'élève furmontera fans peine.

Il apprendra donc à lire le fecond livre des Annales en françois , d'abord fur le cahier latin , enfuite fur le texte de l'auteur ; puis il paffera au troifième dégré.

Le livre élémentaire du troifième dégré ne fera compofé que d'un feul cahier françois , qui contiendra deux verfions.

### *Verfion des mots.*

La navigation d'une mer orageufe n'étant en rien interrompue, Agrippine eft portée à l'ifle de Corfou, fituée vis-à-vis les rivages de Calabre.

*Version de la pensée.*

'Agrippine n'ayant fait aucun relâche ; quoique la mer fût orageuse, aborde à l'ifle de Corfou , située vis-à-vis les côtes de Calabre. ( * )

Ce troifième livre ne diffère du fecond qu'en ce que le latin artificiel eft abfolument retranché. L'élève retrouvera les mots des deux Langues qui fe répondent , fans être aidé comme auparavant , par l'ordre dans lequel ils font rangés.

Lorfqu'il entendra les trois premiers livres des Annales fur le texte latin , il arrivera enfin au quatrième dégré.

Le livre élémentaire du quatrième

---

( * ) *Nihil intermiffâ navigatione hyberni maris , Agrippina Corcyram infulam advehitur , littora Calabriæ contrà fitam.*

C'eft le commencement du troifième livre des Annales.

& dernier dégré contiendra une verſion unique.

Sous le conſulat de Caïus Aſinius & de Caïus Antiſtius tomboit la neuvième année de Tibère. Le gouvernement étoit en bon état, la maiſon du prince floriſſante, ( car il regardoit la mort de Germanicus comme un bonheur ) lorſque tout-à-coup la fortune commença à brouiller, lui-même à ſe livrer à la cruauté, ou à prêter ſa puiſſance à des hommes cruels. ( * )

A ce quatrième dégré mon élève n'a plus qu'une ſeule verſion fran-çoiſe, qui ne s'éloigne pas beau-

---

( * ) *Caïo Aſinio, Caïo Antiſtio Conſulibus, nonus Tiberio annus erat compoſitæ reipublicæ, domus florentis, ( nam Germanici mortem inter proſpera ducebat ) cùm repentè turbare fortuna cœpit, ſævire ipſe aut ſævientibus præbere vires.*

C'eſt le commencement du quatrième livre des Annales.

coup du tour de la phrase latine,
mais qui n'est pas assujettie à en suivre les mots scrupuleusement. C'est
à lui, avec le secours de cette version, à retrouver le sens de chacun
des mots de l'auteur, enforte qu'il
sache expliquer ce quatrième livre
des Annales aussi littéralement qu'il
expliquoit le premier, tandis qu'il
étoit encore au premier dégré des
élémens. Il peut se passer de toute
la science grammaticale des substantifs, des adjectifs, des cas, des
temps, des personnes, &c. Mais
il est indispensable qu'il sache la signification précise de chacun des
mots, ou, lorsque le génie de la
Langue ne permet pas de les séparer, la signification de plusieurs
mots pris ensemble.

Un jeune homme qui sait expliquer avec cette exactitude les quatre premiers livres des Annales de

Tacite, eſt hors des élémens du latin. Il eſt en état de continuer par
lui-même la lecture du même auteur,
ou de tout autre auteur en proſe.
Sans doute il y trouvera encore
quelques difficultés ; mais un coup
d'œil ſur une traduction ſuffira pour
les lever. Or quand on eſt arrivé
au point d'entendre les auteurs avec
le ſecours ſeulement des traductions
ordinaires , telles que nous en avons
de tous les écrivains de l'antiquité ,
on eſt le maître de ſes progrès. On
avance à proportion du temps qu'on
veut donner à la lecture. C'eſt par
cet avis que je termine les études
élémentaires. Je dis à mon élève :
Vous pouvez à préſent , ſans aucun
livre compoſé exprès & ſans aucun
maître , par votre propre travail ;
& à l'aide des traductions, entendre
Céſar , Cicéron , Tite - Live & tous
les autres écrivains de Rome. Vou-

lez-vous apprendre leur Langue parfaitement ? Lifez beaucoup. Si vous
lifez peu , vous ne la faurez jamais
que médiocrement ; car il y a dans
cette fcience , comme dans toutes
les autres , différens dégrés. Je vous
ai mis à l'entrée du chemin , il dépend de vous d'avancer auffi loin
qu'il vous plaira.

J'ai diftingué quatre dégrés dans
les élémens , & j'ai arrêté long-
temps mon élève dans chacun de ces
dégrés. La carrière paroîtra longue ,
mais les maîtres particuliers peuvent
& doivent la raccourcir , felon les
talens & les progrès des jeunes gens
qui leur font confiés. C'eft à eux à
juger quand il eft temps de faire monter leurs élèves d'un dégré à l'autre ;
& même rien n'empêche d'omettre
quelqu'un de ces dégrés , s'il ne paroît pas néceffaire. Pour moi ayant en
vue l'utilité générale , j'ai dû mefurer

mon plan d'étude fur les plus foibles talens.

Du reste on ne peut pas nier que la méthode ne foit fimple & facile. Elle n'exige d'un commençant aucun travail qui puiffe être au deffus de fes forces, nul principe à comprendre, nulle règle à appliquer, nul raifonnement à faire. Il ne s'agit que de lire le latin, joint au françois qui l'interprète, & de le lire affez fouvent pour pouvoir enfuite lire & entendre le latin feul. Cependant quelque fimple, quelque facile que foit ce travail, le fuccès en paroît infaillible, puifqu'il imite exactement les procédés de la nature. Nous avons vu qu'elle n'a d'autre fecret pour enfeigner aux enfans à entendre la Langue de leur patrie, que de joindre toujours un figne connu au figne inconnu. Or toute l'étude que je propofe fe réduit également à joindre le françois connu au latin inconnu. Par un chemin si uni, on parviendra nécessairement à la connoissance des mots & des tours de phrase du latin; or quand on connoît les mots d'une Langue & les tours de phrase qu'elle emploie, on entend cette Langue.

On sera peut-être effrayé de la quantité de mots qu'il faut apprendre l'un après l'autre. Cet obstacle au premier coup d'œil peut paroître insurmontable. Mais l'expérience de tous ceux qui savent plusieurs Langues doit rassurer ; & d'ailleurs quelques observations prouvent que ce travail est beaucoup moins long qu'il ne paroît.

1.° Il y a dans une Langue un certain nombre de mots qui fait la base de tous les discours. Quand on en sait la signification , on peut lire quelque ouvrage que ce soit ; on n'eſt plus arrêté que par les termes propres de la matière. Ceux-là ſont en petit nombre; on les apprend à meſure qu'ils ſe préſentent , & on les retient parcequ'ils reviennent à toutes les pages.

2.° L'analogie épargne tous les détails des inflexions , c'eſt-à-dire , des cas pour les noms & des temps pour les verbes. *DEORUM* , *des dieux* ; donc *ANIMORUM* , *des eſprits* : *AMABIS* , *tu aimeras* ; donc *CANTABIS* , *tu chanteras.*

3.° Un même mot ſe préſente ſous différentes formes , *clarté* , *clair* , *clairement* , *éclairer.* Quand on ſait ſa valeur ſous une forme , on la devine ſous toutes les autres. *LUX* , *lumière* , je devinerai en conſéquence que *LUCERE* ſignifie *luire* , & *LUCIDUS* , *luiſant.*

4.° Enfin quand on entend le plus grand nombre des mots , la ſuite du discours détermine le sens des autres. On l'éprouve dans la conversation ; dès qu'on entend les mots essentiels, on supplée au reste.

Cette dernière réflexion me persuade que l'exercice recommandé par quelques auteurs d'apprendre par cœur des listes de mots détachés est plus fatiguant que nécessaire. Attendez que ces mêmes mots se présentent dans la lecture ; ils se graveront également dans la mémoire, mais à moindres frais, parceque leur connexion avec d'autres mots aidera à en retenir le sens. Il est l'intérêt des sciences de rendre le chemin qui y conduit, le plus doux qu'il est possible.

Je reviens à la méthode que j'ai proposée. On peut observer qu'elle réduit l'étude du latin à un simple recueil de faits. Tel mot latin répond à tel mot françois : telle phrafe latine à telle phrafe françoife. Or nous avons vu que les leçons de la nature ne font autre chofe qu'un recueil de faits femblables. Dans l'enfance on les a crus fur la foi d'une nourrice ; aujourd'hui on les croira fur la foi du livre élémentaire. Si je voulois expliquer à mon élève par quels motifs je le fais marcher dans une route plutôt que dans une autre, il ne m'entendroit pas , & je l'expoferois même à s'égarer. Je fuis plus fûr de le mener au but en le conduifant par la main. Mais les maîtres peuvent exiger que j'entre dans un plus grand détail. C'eft à eux que je vais rendre raifon des livres élémentaires, & en prouver l'utilité. Je ne parlerai que du premier ; les autres font compofés fur les mêmes principes, avec quelques changemens dont j'ai dit les motifs.

## ARTICLE IV.

*Raison des livres élémentaires propres à cette méthode , & leur utilité.*

D'ABORD ce premier livre présente le latin sans inversions. Je n'exige pas, comme dans la méthode ordinaire , que les élèves fassent la construction : c'est un ouvrage qui passe leurs forces ; je m'en charge, & je leur donne la construction toute faite. J'avoue que c'est accoutumer les yeux & les oreilles à un arrangement de mots contraire au génie de la Langue. J'en sens le danger ; mais il seroit encore plus dangereux d'accabler un commençant du poids de toutes les difficultés réunies. Nous avons vu qu'il y en a quatre. Les trois premières , qui regardent les mots, le mécha-

nifme & le ftyle , ne peuvent pas fe féparer , parcequ'elles concourent à déterminer le fens de la phrafe. La quatrième , qui confifte dans l'inverfion, ne change rien au fens, *reges habuere urbem*, fignifie la même chofe que , *urbem habuere reges*. Je fouftrais donc cette difficulté aux yeux de mon élève , & je lui laiffe croire pour un moment que les Romains arrangeoient les mots comme nous. Ayant un obftacle de moins à furmonter, il faifit plus facilement le fens de l'auteur ; mais auffi-tôt qu'il l'a faifi, je lui fais lire la même phrafe fur le texte. Il fait qu'il y trouvera le même fens. Il le cher-cheroit en vain dans l'ordre des mots qui eft changé, il le cherche donc dans la valeur intrinfèque de chaque mot. Or dès qu'il aura con-tracté l'habitude de chercher le fens dans la valeur des mots , fans s'arrê-
ter

ter à la place qu'ils occupent , la difficulté des inverſions ſera vaincue, ou plutôt elle diſparoîtra. Car ce n'eſt pas une difficulté réelle attachée au fond des choſes ; c'eſt une ombre vaine , un fantôme auquel nous-mêmes nous donnons un corps par la manière dont nous le combattons. Oublions la différence des pays & des Langues ; conſidérons l'eſprit humain en lui-même. Qu'exige-t-il pour comprendre une penſée? Qu'on lui préſente nettement les idées avec leurs rapports. L'ordre de ces idées eſt une circonſtance indifférente par rapport au ſens. En effet , chaque nation a un ordre de mots habituel qui ne reſſemble point à celui d'une autre nation , & toutes entendent leur Langue avec une égale facilité. Nous-mêmes ſi aſſervis à la marche grammaticale dans la proſe , nous ne ſommes point arrê-

G

tés par les inverfions de nos vers.
Quand nous lifons dans Racine :

*A de moindres faveurs des malheureux*
*prétendent ,*

Nous n'avons pas befoin de faire la çonftruction pour comprendre le fens de l'auteur ; il fe préfente auffitôt à notre efprit. D'où vient donc par rapport à nous l'obfcurité des inverfions latines ? De l'habitude où nous fommes de connoître les rapports par la place que les mots occupent. Nous voyons toujours le principe de l'action le premier , puis le verbe qui marque l'action ; enfin le terme de cette action. *Céfar mit en fuite les ennemis ;* & fi le principe ou le terme ont des adjectifs, ils n'en font pas féparés, *Céfar mit en fuite les ennemis battus.* Nous lifons en latin ; *battus Céfar mit en fuite les ennemis :* PULSOS CÆSAR FUGAVIT HOSTES. Nous fuppofons d'abord que *battus* eſt le principe de l'action : d'après cette ſuppoſition la phraſe devient inintelligible. Ne nous preſ-ſons pas de juger : la liaiſon des mots eſt dans eux-mêmes : *battus*, ne peut ſe joindre qu'avec les *ennemis* ; l'ac-tion *mit en fuite* ne peut avoir pour principe que *Céſar*. L'eſprit ſaiſit ces rapports dès qu'il les cherche. Il n'eſt pas même beſoin qu'il les cher-che ; il ſuffit qu'il ſuſpende ſon ju-gement , & qu'il laiſſe , pour ainſi parler , flotter les mots. Depuis qu'ils ſont françois ils ſe trouvent mal rangés , & ils prennent d'eux-mêmes la place que leur aſſigne le génie de leur Langue. Je lis, *HOSTES FUGAVIT CÆSAR : les ennemis mit en fuite Céſar.* Dès que je fais un inſtant de réflexion , & que je donne à ces trois mots le temps de s'arranger , je retrouve dans mon eſprit , *Céſar mit en fuite les ennemis.* Il ne s'agit donc, pour ôter aux inverſions latines leur difficulté, que de faire perdre aux élèves l'habitude de juger des rapports des mots par la place qu'ils occupent. Or l'uſage du livre élémentaire paroît très propre à cet effet. L'élève paſſe continuellement du latin rangé à la françoiſe au latin de l'auteur rangé autrement, & il trouve dans l'un & dans l'autre la même penſée. Cet exercice le convaincra mieux que tous les raiſonnemens, que le ſens de la phraſe n'eſt pas attaché à l'ordre des mots, & il s'accoutumera inſenſiblement à le chercher dans leur ſignification intrinsèque.

Le même livre élémentaire montre enſuite la correſpondance des mots. *Reges*, répond à *les rois* ; *habuere*, répond à *eurent*, & ainſi des autres. Si toutes les Langues avoient été compoſées par des phi-

losophes & sur les mêmes principes,
la correspondance des mots seroit
parfaite. Les inventeurs auroient
d'abord fait un état des idées, de
leurs collections & de leurs rapports ; ensuite ils auroient assigné
un terme particulier pour chacune
des idées, pour chacune des collections, pour chacun des rapports.
Voilà une première Langue. Si vous
en voulez une seconde, il suffit d'i-
maginer une suite de mots différens
des premiers, mais qui leur soient
parallèles ; ensorte qu'un substantif
réponde à un substantif, un verbe
à un verbe, une particule à une
particule, & ainsi du reste. Avec de
pareilles suites de mots, on fera autant de Langues qu'on voudra,
différentes pour les sons, & semblables pour la composition. Alors
l'étude des Langues auroit été très
facile. Mais au contraire, les Lan-

G 3

gues ont été compofées par une multitude ignorante fans aucun principe. Comme l'efprit humain eft le même par-tout, par-tout on a donné des fignes à des idées, à des collections, à des rapports ; mais ces fignes n'ont point été parallèles ; & de-là vient que les mots de deux Langues , outre la différence du fon , diffèrent en plufieurs autres manières. 1.° Certains mots d'une Langue n'ont aucun équivalent dans l'autre. Telles font les particules que les grammairiens appellent *explétives* , fi communes en grec : telle eft en latin la marque de interrogation , *num* , *an* , *ne* , relativement au françois , qui n'emploie aucun mot propre pour l'interroger : tels font les noms de dignités, d'offices, de machines , d'ufages , & en général les noms de toutes les chofes connues dans un pays & inconnues

dans un autre. 2.º Le même son
dans une Langue fignifie plufieurs
chofes, & répond à plufieurs mots
différens d'une autre Langue : *so-*
*lum*, fignifie *feulement*, *le feul*, *le*
*fol de la terre* ; quand je lis *solum*
dans un auteur latin, il faut deviner
auquel de ces trois mots françois il
répond dans cette occafion particulière. 3.º Le même mot dans une
Langue fignifie plufieurs rapports
différens, & marqués par différens
mots dans une autre Langue ,
*amicitiæ*, fignifie *de l'amitié*, *à*
*l'amitié*, *les amitiés*, *ô amitiés*. Si
je veux rendre en françois ce mot
*amicitiæ*, il faut choifir. 4.º Un
feul mot d'une Langue aura pour
équivalent une fuite de mots dans
une autre : *pronus*, *celui qui tombe*
*fur le vifage*, les latins avoient renfermé fous ce mot *pronus* une
collection d'idées que nous ne raf-

femblons pas fous un feul mot. 5.°
Deux nations donnent le même nom
à deux collections d'idées, dont l'une
n'eft pas auffi complète que l'autre.
*PIETAS*, *piété*, c'eft le même nom
pour deux collections d'idées, l'une
faite par les Latins, l'autre par
les François ; mais la moderne n'eft
pas auffi complète que l'ancienne.
Celle-là renferme tous les devoirs
envers les dieux, envers la patrie,
envers les pères & mères, & répond
plutôt à la collection que nous nommons *la vertu*, qu'à celle que nous
nommons *la piété*, qui ne renferme
que les devoirs envers *Dieu*. De-là
vient la fauffe idée que quelques
critiques fe font faite du héros de
l'Enéïde. 6.° Un mot fe prend mé-
taphoriquement dans une Langue
& non dans une autre : *LUMINA*,
dans le fens naturel répond à *lu-*
*mières* ; mais quand un auteur latin

dit, *MORS LUMINA CLAUSIT*, on
parleroit ridiculement, si on tra-
duisoit, *la mort ferma ses lumières.*
7.° Les mots qui se répondent pour
le sens ne se répondent pas relativement à la grammaire : les Latins
ont pour les noms un genre neutre
que nous n'avons pas : tous les noms
de ce genre neutre ne peuvent avoir
pour équivalent en françois que des
noms masculins ou féminins, *VENE-*
*NUM*, *le poison* ; *RUS*, *la campagne.*
De plus un nom masculin en latin
sera féminin en françois : *DOLOR ;*
*la douleur*, un pluriel répondra à
un singulier, *CASTRA*, *le camp.*
Il arrive même qu'un adjectif est
le seul équivalent d'un substantif ;
qu'un nom est le seul équivalent d'un
verbe, & en voici la raison : on représente la même idée sous plusieurs
aspects : *force*, *fort*, *fortement*, *for-*
*cer.* Or dans une Langue, cette idée

aura le fubftantif, l'adjectif, l'adverbe, &c; dans une autre elle
ne prendra qu'une partie de ces diverfes formes. Les Latins difent,
*CANDOR*, *CANDIDUS*: & nous
difons auffi *blancheur*, *blanc*; mais
ils difent *CANDIDÈ*, & nous ne difons guères *blanchement*. Je n'ai parlé
jufqu'ici que du défaut de correfpondance entre les mots pris féparément; que feroit-ce, fi je les
confidérois liés enfemble ? Les Latins difoient, *frapper un traité*,
*FŒDUS FERIRE*, nous difons, *conclure*, ou *figner un traité*. Les différences en ce genre fe multiplieroient
à l'infini. Il me fuffit de les indiquer,
pour faire comprendre qu'il n'eft
pas poffible d'enfeigner toute cette
doctrine par des règles générales.
Heureufement elle n'eft pas néceffaire pour entendre le latin. Il fuffit
de favoir par le fait quel eft le mot

françois qui répond à chaque mot latin, soit que tous les deux soient de même espèce, soit qu'ils ne le soient pas. Or voilà ce que le livre élémentaire enseigne très nettement. Si on a le goût de ces sortes de discussions, & qu'on veuille approfondir le caractère des Langues, on y travaillera avec succès, en observant de quelle manière elles expriment la même pensée. César dit en parlant du Rhin, *FERTUR CITATUS*; le livre élémentaire dira, *FERTUR*, *se porte*; *CITATUS*, *vîte*, *promt*; & la version de la pensée dira, *coule rapidement*. On entend le latin quand on en sait jusques-là. Si on veut pénétrer plus avant dans le génie des deux Langues, il faut comparer la version des mots, *se porte promt*, avec celle de la pensée, *coule rapidement*; on verra qu'au verbe générique, *se porter*, nous préférons un verbe propre aux corps liquides, *couler*, & que nous changeons l'adjectif *rapide* en un adverbe, *rapidement*. Mais ces fortes de remarques ne font pas faites pour les commençans. Il leur fuffit, fans autre difcuffion, d'apprendre que tel mot latin répond à tel mot françois, & ils l'apprendront par l'ufage du livre élémentaire.

On y trouve en troifième lieu la correfpondance du méchanifme des deux Langues, c'eft-à-dire, quelles font les inflexions ou les particules françoifes qui répondent à celles du latin. *Dolore*, *par la douleur* ; l'inflexion *e* des Latins répond dans cette occafion à notre particule *par*. *Puto te esse sapientem*, *je crois vous être fage* ; ce qui fe rend dans la verfion de la penfée par ces mots, *je crois que vous êtes fage*. Le tour latin, *vous être fage*, équivaut dans cette occaſion au tour de notre Langue, *que vous êtes ſage.* Je n'entrerai pas dans le détail de ces différences du méchaniſme : elles ſont ſi ſubtiles, que je ne pourois pas les expliquer clairement ; & elles ſont ſi variables ſelon les circonſtances, que je ne pourois pas les ranger ſous des chefs généraux. Cependant je n'ignore pas qu'on prétend dans la méthode ordinaire réduire toute cette doctrine à des règles générales. Mais il eſt plus que vraiſemblable qu'aucun enfant ne comprend ces règles, qui demandent de l'attention de la part même des philoſophes. Le bonheur des enfans eſt qu'à ces règles on ajoute des exemples qui les dirigent par le jugement naturel de l'analogie. Or le livre élémentaire que je propoſe leur met ces exemples ſous les yeux à toutes les lignes, & débarraſſés des règles prétendues. Je n'oblige pas mon élève à apprendre ce que les grammairiens appellent *le QUE retranché* ; mais je lui fais lire vingt fois tous les jours des exemples semblables à celui-ci : *on pense vous être sage*, c'est-à-dire, *on pense que vous êtes sage*. Dans la suite il lira, *on dit Tibère avoir été dissimulé* ; certainement il verra bien que cela signifie, *on dit que Tibère étoit dissimulé*. Il en sera de même de toutes les autres différences de méchanisme.

Si on veut remonter à la source de ces différences, on la trouvera dans la fantaisie de ceux qui ont parlé les Langues les premiers. Tous ont été obligés de lier les mots pour marquer les rapports des idées. Mais ceux-ci les ont liés d'une manière, & ceux-là d'une autre ; parcequ'en effet, pourvu qu'on convînt de la liaison, peu importoit quelle en fût la marque. On voit même dans notre Langue feule la bizarrerie de leur choix : *pour vous, à caufe de vous,* fignifient la même chofe : il femble que la liaifon devroit être la même ; elle eft différente ; *pour,* fe lie à *vous,* uniquement en les mettant à côté l'un de l'autre, *pour vous : à caufe* ne fe lie à *vous,* qu'en inférant la particule *de, à caùfe de vous. Si vous venez, au cas que vous veniez,* expriment les mêmes idées avec le même rapport ; la liaifon n'eft pas la même : *fi,* fe contente du mode naturel, *fi vous venez : au cas,* exige un mode compofé, *vous veniez,* & de plus qu'on infère la particule *que,* qui par elle-même ne fignifie rien, *au cas que vous veniez.* Or fi dans une même Langue les mots fe lient différemment, quoiqu'ils aient le même rapport, on ne doit pas être furpris que les mots équivalens de deux Langues exigent des liaisons différentes. Nous disons, *si vous venez* ; les Latins disoient, *si vous serez venu*, *SI VENERIS*. Nous disons, *ami de la vérité* ; ils disoient, *ami à la vérité*, *AMICUS VERITATI*. Nous disons *avec un gémissement* ; ils disoient *avec par un gémissement*, *CUM GEMITU*. Il semble qu'un mot change de signification par sa jonction avec un autre. Vous me demandez l'équivalent en françois de *CUM*, c'est, *avec* ; celui de *GEMITU*, c'est, *par un gémissement* ; celui des deux mots ensemble, *CUM GEMITU*, c'est, *avec un gémissement*. La particule *par* a disparu, parceque les François n'ont pas adopté entre ces deux mots la liaison des Latins.

La singularité est quelquefois encore plus grande. Lorsqu'on supprime un des deux termes, alors l'autre l'autre terme demeure ifolé , & cependant affecté d'une marque de liaifon , qui ne le joint à rien : *HOSTE PULSO , URBS CAPTA EST ; l'ennemi battu , la ville fut prife.* Hofte & *pulfo* font à l'ablatif, c'eft-à-dire, qu'ils portent la marque de leur liaifon avec un autre mot , qui en cette occafion eft la particule *ab* , que cependant on ne voit point dans le difcours. L'ufage des Latins dans ces cas-là , étoit de fupprimer cette particule *ab* , comme le nôtre eft auffi de fupprimer la particule *après.* Nous difons , *l'ennemi battu , la ville fut prife ;* comme les Latins difoient , HOSTE PULSO , URBS CAPTA EST. Je plains quiconque veut apprendre par règles des fingularités que la fantaifie & le hafard ont produites fans aucune règle.

Au refte ce méchanifme qui nous paroît fi bizarre , ne nous eft pas étranger. Il a d'abord été celui de notre Langue, & en remontant de siècle en siècle, on y en trouve des traces sensibles. Encore aujourd'hui les formules, le style du palais, quelques façons de parler proverbiales, ont un goût tout-à-fait latin. Cette portion de la Langue est en quelque sorte consacrée ; il semble que l'air d'antiquité la rende respectable, & qu'elle perdroit de sa vertu si on y touchoit : *De par le roi : Comme le voleur seroit entré de nuit : Qui m'aime me suive* : ces phrases, & d'autres du même genre, sont des restes de l'ancien Gaulois, qui timide dans les commencemens, copioit exactement son modèle. Si cet objet méritoit des recherches, on trouveroit chez nous des exemples de ce que le méchanisme des Latins a de plus singulier, & peutêtre expliqueroit-on par-là des ma-

nières de parler , qui choquent les
règles communes de notre syntaxe.

Enfin le livre élémentaire subſti-
tue le ſtyle françois au ſtyle latin.
Les trois autres parties ne peuvent
être compoſées que d'une façon ;
celle - ci peut l'être de pluſieurs ,
parcequ'une même penſée s'exprime
par beaucoup d'idées différentes :
*Rome eut des rois : Rome fut gou-
vernée par des rois : Rome obéit à des
rois : Rome fut ſous la puiſſance des
rois : Le gouvernement de Rome fut
monarchique* , &c. Toutes ces phraſes
ſont dans le ſtyle françois. Le mérite
d'un écrivain eſt de choiſir celle qui
convient le mieux au genre de ſon
ouvrage. Pour un livre élémentaire ,
ce n'eſt pas la phraſe la plus élégante qui eſt préférable ; mais celle
qui , à dégré égal de clarté , s'éloigne le moins du latin.

Il faut prendre garde de confondre le style avec le tour de la phrase, *CÆSARE IN GALLIIS PROSPERÈ GERENTE BELLUM, tandis que César faisoit la guerre dans les Gaules avec succès ;* le tour de phrase est différent, mais le style est le même, parceque ce sont les mêmes idées, *César, Gaules, succès, faire guerre.* Mais si je traduisois, *César faisant triompher dans la Gaule les armes Romaines ;* le tour de phrase seroit le même, & le style seroit différent, parceque les idées *triompher, armes, Romaines,* ne sont pas dans le latin, & les idées *faire, guerre, succès,* du latin, ne sont pas dans le françois.

D'où peut venir la nécessité de changer le style, en transportant un discours d'une Langue dans une autre ? L'esprit d'un François n'est pas différent de l'esprit d'un Romain. Qu'importe qu'on réveille les idées par des mots françois ou par des mots latins ? Pourvu qu'on réveille les mêmes idées , & qu'on leur conferve le même enchaînement , il femble que dans tous les temps & dans tous les lieux elles devroient produire le même effet. Horace dit :

*Jam fatis terris nivis atque diræ*
*Grandinis mifit pater.*

Je fubftitue les mots correfpondans, & j'ai ce difcours : *déja le père a envoyé aux terres affez de neige & de grèle cruelle.* Pourquoi cette traduction fi exacte ne me fait-elle pas le même plaifir que le texte. Je réponds que les mots de deux Langues, quoique correfpondans autant qu'ils peuvent l'être , ne réveillent pas toujours la même penfée. On en a vu la raifon dans ce que nous avons dit ci-deffus , par rapport à la correfpondance des mots. Dans l'exemple qu'on vient de citer , PATER , réveille d'abord l'idée de *père*, mais il me fait paffer fur le champ à celle de *Jupiter*, & c'eft à cette feconde idée de *Jupiter* que mon efprit s'arrête. En françois l'idée de *père* ne me conduit pas à celle de *Jupiter* : ainfi, pour donner à un lecteur françois la même penfée qu'Horace donnoit à un lecteur Romain, je fuis obligé de changer l'idée de *père*, qu'il a employée, en celle de *Jupiter*, c'eft-à-dire, de changer fon ftyle. Dans le même exemple, *MITTERE TERRIS NIVEM*, fait naître une autre penfée que ces mots, *envoyer de la neige aux terres. Envoyer*, ne fe joint pas en françois aux idées de violence & de colère ; chez les Latins, *MITTERE*, fe joignoit avec ces idées, *mittere tela*, *mittere fulmina*. Horace réveilloit donc dans les Romains la penfée de Jupiter irrité, en difant, *MISIT TERRIS NIVEM ;*

en françois le terme, *a envoyé*, ne feroit pas naître la même penſée. Un traducteur eſt donc obligé de changer l'idée d'Horace, & de peindre Jupiter qui *accable la terre de neige*, au lieu de lui en *envoyer*. Ces exemples ſuffiſent pour expliquer pourquoi le ſtyle n'eſt pas le même dans les différentes Langues. Il faut conſerver la penſée, & ſouvent les mêmes idées ne la conſerveroient pas ; non qu'en elles-mêmes les idées d'un François ſoient différentes des idées d'un Romain ; mais parceque l'uſage ancien joignoit tacitement à quelques idées, des circonſtances que l'uſage moderne n'y joint pas.

C'eſt encore l'uſage qui oblige ſouvent les traducteurs à changer l'enchaînement des penſées. Chaque nation met entre les penſées qui compoſent le diſcours une cer-

taine liaison, que la plupart des écrivains adoptent , & dont le goût change quelquefois d'un siècle à l'autre. Mais pendant qu'il règne , l'esprit & l'oreille y sont accoutumés, & l'habitude y fait trouver un agrément que des lecteurs d'une autre nation ou d'un autre siècle n'y trouvent pas. Un exemple fera connoître ce que je veux dire. On ne niera pas sans doute que Cicéron n'écrive bien. Voici de quelle manière il commence son traité vulgairement appellé *DES OFFICES* *
*Mon fils , quoique vous deviez être*

***

(*) Quamquam te , Marce fili , annum jam audientem Cratippum , idque Athenis , abundare oportet præceptis institutisque philosophiæ, propter summam & doctoris autoritatem & urbis , quorum alter te scientia augere potest , altera exemplis ; tamen, ut ipse ad meam utilitatem semper cum Græcis Latina conjunxi , neque id in philosophiâ solùm , sed etiam in dicendi exercitatione feci , idem tibi censeo faciendum ut par sis in utriusque orationis facultate.

abondamment pourvu des maximes &
des façons de vivre de la philosophie,
écoutant déja depuis un an les leçons
de Cratippe, & cela à Athènes, à cause
de la très grande autorité du maître & 
de la ville, desquels l'un peut vous
fournir la science, l'autre des exemples ; cependant comme moi - même,
pour mon utilité, j'ai toujours joint le
Latin au Grec, & que je l'ai fait non-
seulement dans la philosophie, mais
encore dans la profession d'orateur, je
pense que vous devez faire la même
chose, afin que vous puissiez vous servir également de l'une & de l'autre
Langue. Je crois cette version assez
exacte pour la pensée ; j'ai changé,
outre le méchanisme, les idées in-
compatibles avec le génie de notre
Langue. Cependant tout l'enchaînement du discours n'est pas dans le
goût françois. Je ne dis pas que
cette façon d'écrire vaille plus ou

moins que la nôtre ; ce n'eſt pas de quoi il s'agit ici : Je dis ſeulement qu'elle ne nous plairoit pas , & qu'elle plaiſoit aux Romains. On peut remarquer ce caractère de la Langue latine dans tous les auteurs du bon ſiècle : ce qui n'empêche pas que chacun n'ait une façon d'écrire qui lui eſt propre : c'eſt ainſi que dans tous les pays les hommes ont un air national , quoique chacun ait ſa figure particulière. Salluſte n'écrit pas comme Céſar ; mais tous deux ont le ſtyle de la Langue latine , qui dans l'un ni dans l'autre, ne reſſemble au ſtyle françois.

Cette partie de la Langue eſt auſſi eſſentielle que les mots & le méchaniſme ; mais elle eſt plus difficile à acquérir. Tous les écoliers emploient des mots latins & les aſſemblent ſelon les règles de la ſyntaxe :

les maîtres mêmes n'ont pas tous le ftyle du fiècle d'Augufte. Comparez les ouvrages latins écrits par des modernes en différens pays ; il en eft peu où vous ne reconnoiffiez la patrie de l'auteur. Les mots font tranfparens , & laiffent apercevoir des penfées conçues en allemand ou en efpagnol.

On voit à préfent quelle eft l'utilité du livre élémentaire. Il rapproche les deux Langues fur tous les points qui les féparent ; il accoutume à furmonter les difficultés fans aucun raifonnement , & par l'ufage feul en lifant , comme on les furmonte dans la converfation en écoutant. Obfervez de quelle manière parle un Italien qui arrive à Paris ; vous verrez qu'il ne fe rapproche du françois qu'en paffant par les différences que j'ai marquées. Dans fon pays il difoit à fes gens ,

*ATTACCATE LA CAROZZA ;* lorf-qu'il fait les termes françois, il dit d'abord, *attachez la caroffe* : c'eft la fimple fubftitution des mots. Quel-ques jours après il dit, *attachez le caroffe*, au lieu de *LA CAROZZA ;* enfin il dit, *mettez les chevaux au caroffe ;* c'eft le ftyle de notre Lan-gue. Ce jargon des étrangers, qui nous furprend fi mal-à-propos, eft le progrès naturel qu'ils doivent faire dans une nouvelle Langue. Je dis plus ; c'eft la fuite des opérations que fait notre efprit, quand nous lifons du latin. Je lis fucceffivement les mots d'une phrafe : chacun me rappelle le mot françois qui lui ré-pond, & rien autre chofe, *URBEM*, *la ville, ROMAM, Rome*, &c. J'ai donc une fuite de mots françois avec les inverfions, le méchanifme & le ftyle latin ; c'eft-là le fond fur lequel je travaille pour découvrir

la pensée ; & je n'y arrive qu'en
remettant d'abord les mots à leur
place , selon le génie du françois ;
ensuite en changeant le méchanisme ,
& même le style , s'il est nécessaire.
Il est vrai que ce changement se
fait si facilement & si vîte , qu'à
peine je l'aperçois ; mais il n'en
est pas moins réel , & quiconque
voudra analyser ce qui se passe en
lui , quand il lit du latin , en conviendra. Ainsi le livre élémentaire
n'exige des élèves ni trop , ni trop
peu , puisqu'il leur fait faire exactement la même chose que font tous
les gens habiles. C'est ainsi que dans
les arts , l'apprentif fait le même
ouvrage que le maître : il n'y a
d'autre différence , sinon que le
maître travaille sans direction étrangère , d'une main ferme , sûre &
prompte ; au lieu que l'apprentif a
besoin d'un guide : il tâtonne , il

se trompe, & il emploie un temps fort long aux opérations les plus faciles.

Les difficultés qui se rencontrent dans une Langue nouvelle ne demandent pas toutes les mêmes soins, & ne supposent pas les mêmes talens. L'inversion se présente d'abord comme la plus effrayante ; mais il suffit de se familiariser avec ce fantôme ; l'habitude le fait disparoître. Le méchanisme demande de l'attention ; mais cette difficulté est très bornée dans toutes les Langues. Le vrai, & à proprement parler, le seul objet d'étude est la signification des mots ; mais cette étude ne demande ni contention d'esprit, ni talent. C'est un ouvrage de patience & de mémoire. Je ne dirai pas la même chose du style, il faut quelquefois une certaine pénétration, pour entendre celu d'une autre Langue. Il peut être fi éloigné du ftyle national qu'on ne les rapproche qu'en devinant ; & les efprits trop bornés ne devinent rien.

Je ne fais fi les livres élémentaires ne pouroient pas auffi être de quelque utilité pour un philofophe qui voudroit comparer les Langues. On y verroit non-feulement le rapport des mots ifolés , comme dans les dictionnaires , mais encore celui de toutes les façons de parler & de toutes les formes que prend un difcours fuivi. Suppofons qu'on eût de pareils ouvrages pour les Langues anciennes & modernes ; d'un coup d'œil on pourroit les mefurer fur le françois qui ferviroit d'échelle commune. On remarqueroit celles dont les mots font plus flatteurs à l'oreille par le fon qu'ils rendent , & plus fatisfaifans à l'efprit par la collection d'idées qu'ils expriment ; ou par les images qu'ils peignent ; celles dont le méchanisme est le plus parfait, c'est-à-dire, celles qui pour assembler les mots emploient moins de liens , & des liens plus variés ; celles qui rangent les mots de la manière la plus avantageuse , pour produire l'effet qu'on se propose en parlant ; celles dont le style est le plus clair , le plus précis , & le plus susceptible des ornemens convenables. En un mot , en appliquant , pour ainsi parler, les autres Langues sur la nôtre , on pouroit observer exactement tous les rapports qu'elles ont entr'elles & avec le françois. Il en résulteroit peut-être un avantage pour nous. Nos yeux s'accoutumeroient à voir les façons de parler étrangères habillées à la françoise ; & sans doute il y en a plusieurs auxquelles nous trouverions

assez

aſſez bonne grâce pour les adopter.

C'eſt ainſi, ce me ſemble, qu'on devroit examiner les Langues pour décider s'il en eſt une qui mérite la préférence. Je ferai l'eſſai ſur le latin & le françois de cette méthode de comparaiſon. Certainement elle eſt plus équitable que celle des Critiques qui ont prononcé que la Langue italienne étoit efféminée, & que la Langue eſpagnole étoit emphatique, parcequ'il y a des auteurs célèbres dans ces deux Langues qui ont ces défauts. Un ſtyle efféminé ou emphatique, eſt une faute perſonnelle dans les écrivains : ſi leur nation les applaudit, c'eſt un défaut de goût dans la nation. Il eſt injuſte de s'en prendre à la Langue, puiſqu'on peut écrire d'un ſtyle mâle en italien, & d'un ſtyle juſte ou même ſimple, en eſpagnol.

I

## ARTICLE V.

*Comparaison entre le françois & le latin.*

DANS la comparaison qui peut se faire entre le françois & le latin , je considère d'abord les mots isolés. Ce sont les matériaux du discours ; & si ces matériaux étoient plus parfaits dans une des deux Langues , ils lui assureroient la préférence sur l'autre.

On peut envisager les mots sous deux aspects, 1.º quant au son , dont l'oreille est le juge ; 2.º quant à la signification qui ressortit à l'esprit. Nous ne sommes pas à portée d'entendre les Romains prononcer leurs mots , nous savons seulement qu'ils en trouvoient le son agréable & harmonieux, comme nous trouvons celui des nôtres. Nous voyons en effet que le mélange des consonnes

& des voyelles est à-peu-près le même dans les deux Langues ; d'où nous devons conclure que le son des mots latins dans leur bouche devoit avoir le même agrément que celui des mots françois dans la nôtre. D'ailleurs nous avons les uns les autres des mots imitatifs nécessaires pour l'effet du discours, & surtout dans la poésie ; car une Langue seroit imparfaite si elle ne pouvoit pas distinguer par le son *les éclats du tonnerre & les murmures d'un ruisseau.*

Quant à la signification des mots, je vois également dans les deux Langues, des mots qui reveillent avec peu de syllabes une masse composée d'un grand nombre d'idées ; des mots qui distinguent la nuance la plus déliée d'une même idée ; enfin des mots qui peignent toutes sortes d'images, depuis la plus terrible jusqu'à la plus riante. Si tous les mots de ces trois espèces se répondoient d'une Langue à l'autre, l'égalité entr'elles seroit parfaite ; mais j'ai déja observé que la correspondance se rencontre rarement. Il faudroit donc, pour décider la question, calculer les mots & les comparer l'un après l'autre. Mais l'entreprise passe les bornes de l'esprit humain ; & de plus, qui possède assez bien la signification de tous les mots pour en faire la comparaison ? Bornons-nous donc à dire que les deux Langues sont assez riches pour rendre avec clarté, avec précision, avec élégance, quelque pensée que ce soit. Nous en avons la preuve dans les ouvrages des bons écrivains latins & françois. Les partisans de l'antiquité m'objecteront qu'il est impossible de traduire parfaitement en françois Horace, Virgile, &c. Mais je leur demanderai s'ils croient

qu'un Romain, même au siècle d'Auguste, eût pu traduire parfaitement
en latin la Fontaine ou la Bruyere?
Peut-être une des deux Langues
a quelqu'avantage sur l'autre; mais
il n'y a aucun juge compétent pour
le prononcer. Ainsi sur l'article des
mots nous devons regarder la balance comme égale.

Il n'en est pas de même sur la
manière de les assembler, c'est-à-
dire, sur le méchanisme. Notre infé-
riorité est évidente. Le défaut d'inflexion pour les noms, & l'usage trop
fréquent des mêmes particules, jet-
tent dans un discours françois, de la
monotonie & de la langueur. *Le*,
*la*, *les*, *au*, *que*, *par*, coupent
tous les mots qui reveillent des idées,
& eux-mêmes n'en reveillent aucune.
Les adjectifs, les substantifs, les participes, les pronoms se présentent
toujours sous la même forme. Les

verbes font toujours précédés du figne de la perfonne, *il*, *elle*, *ils*, *elles* : nous répétons fans ceffe nos deux auxiliaires, *avoir*, *être*, & fouvent nous les employons enfemble, *j'ai été étonné* ; enfin il ne nous eft prefque jamais permis de fous-entendre ni particule, ni article, ni pronom, ni auxiliaire. Le retour des mêmes fons fatigue l'oreille ; & la quantité des fons qui ne reveillent point d'idées, fait languir l'efprit.

On m'objeſtera peut-être que la Langue grecque fi vantée, & à fi jufte titre, emploie plus de particules que la nôtre. Mais ces particules ont de temps en temps un autre fon par le changement d'une ou de plufieurs lettres δὲ, δὴ ; les inflexions des noms & des verbes font plus multipliées que dans le latin ; il eft permis d'y fous-entendre les auxiliaires & les pronoms : tous ces uſages préviennent la monotonie. Mais la différence la plus importante qui empêche que les particules ne fatiguent dans la lecture du grec , c'eſt que pluſieurs n'ont d'autre emploi que de rendre le diſcours harmonieux ; en ſorte qu'elles flattent l'oreille ſans occuper l'eſprit , au lieu que toutes nos particules françoiſes marquent le rapport des idées. Nous ſommes donc forcés, pour découvrir la penſée, de leur donner une attention particulière : & cette attention n'eſt payée par aucun plaiſir. Car l'eſprit ne s'occupe agréablement que des idées & des images ; leur liaiſon n'eſt pas pour lui un objet amuſant , parcequ'en elle-même elle n'eſt pas diſtinguée de l'idée ou de l'image.

Paſſons à la comparaiſon du ſtyle. Nous avons vu que le ſtyle latin eſt fort différent du ſtyle françois. Lequel mérite la préférence ? Ni l'un ni l'autre. Nous employons d'autres idées que les Latins pour exprimer la même pensée ; mais nos idées valent bien celles des anciens. Horace dit , *POST EQUITEM SEDET ATRA ÇURA , le noir souci s'assied derrière le cavalier* : Despréaux dit la même chose en ces termes ,

> *Le chagrin monte en croupe , & galope avec lui.*

Toutes les idées sont différentes, excepté celle de *CURA , le chagrin* ; & même *CURA* signifie plutôt *le souci* que *le chagrin. SCILICET ID POPU. LUS CURAT ! Vraiment le monde en a beaucoup de souci ! ID CREDIS MANES CURARE SEPULTOS ? Croyez-vous que les morts en aient souci ?* Cependant quoique le poëte françois n'ait employé aucune des idées du latin, la pensée est la même , & elle est très bien rendue par tous les deux :

c'eſt un bon ſtyle françois qui répond à un bon ſtyle latin. En effet,
la bonté du ſtyle relativement à l'é-
locution ne conſiſte qu'en trois qualités. 1.º Il doit être clair , parcequ'en vers, en proſe, & dans quelque compoſition que ce ſoit , on ne
parle que pour ſe faire entendre.
2.º Il doit être précis , parcequ'en
ſoi la ſuperfluité eſt un défaut. 3.º.
Il doit être plus ou moins orné ,
parceque toute penſée a un objet
qu'elle doit peindre tel qu'il eſt , &
les objets ſont en eux-mêmes plus
ou moins ornés. Or le françois rend
la penſée d'Horace auſſi clairement
que le latin. Il eſt auſſi précis ; car
la préciſion ne conſiſte pas à employer moins de mots , mais à n'employer que le nombre de mots utiles : vous ne pouvez pas retrancher
un mot du vers de Deſpréaux, non
plus que de celui d'Horace ; la pré-

cifion eft donc la même. Enfin il eft auffi orné ; Horace vous amufe avec l'image du cavalier derrière lequel s'affied le noir Souci , Defpréaux vous amufe avec l'image du Chagrin qui monte en croupe, & qui galope avec le cavalier. Si l'ornement de la penfée n'eft pas exactement le même , au moins eft-il équivalent. C'eft une parure de perles qui eft du même prix qu'une parure de diamans. Cependant il refte toujours une queftion à réfoudre. Comment fe fait-il que ce ftyle fi agréable en latin, *POST EQUITEM SEDET ATRA CURA* , ne le foit plus en françois ? Car on conviendra que cette façon de s'exprimer , *derrière le cavalier s'affied le noir fouci* , ne feroit pas de notre goût. Je ne puis en donner d'autre raifon que l'ufage. Les règles font les mêmes pour tous les temps & pour tous les peuples. Jamais le ſtyle d'un ouvrage, en quelque Langue que ce ſoit, ne ſera approuvé, s'il eſt obſcur ou diffus, ou orné autrement que la matière ne le comporte; mais ce qui eſt obſcur, diffus, groſſier dans une Langue, peut ne le pas être dans une autre. Un peuple s'habitue à entendre à demi-mot : un autre a beſoin de plus de développement. Certains mots forment une image noble dans une Langue, & dans une autre, cette image ſeroit baſſe. Armide dit qu'un uſurpateur a envahi, *IL NIDO PATERNO*. Nous trouverions très ridicule d'appeler un palais, *le nid paternel*. Cependant cette métaphore eſt empruntée des oiſeaux, objet riant, qui nous fournit beaucoup de figures agréables; mais l'uſage n'a point adopté celle-là. C'eſt un deſpote qui place les mots dans un rang plus haut ou plus bas , fans aucun égard à leur mérite perfonnel. Souvent même il n'en a point à la nature des chofes. Le laurier eft un arbre qui ne fe moiffonne pas ; cependant l'ufage a voulu qu'on pût dire , *moiffonner des lauriers*. Si jamais la Langue françoife ne fe parle plus , un favant bel efprit hafardera peut-être de dire , *moiffonner des chênes* , & peut-être encore on lui applaudira ; parcequ'il fera obferver dans une note au bas de la page , que les anciens faifoient des couronnes de chênes comme des couronnes de lauriers. Concluons de-là , qu'il y a un bon ftyle , propre à chaque Langue ; que quoique les règles en foient immuables & les mêmes par-tout , la manière de les obferver eft variable , & dépend de l'ufage de chaque pays ; que le bon ftyle d'une Langue eft du même prix que celui de l'autre,

& que par conséquent, sur cet article, l'égalité se conserve encore entre le françois & le latin.

Il ne reste à comparer que l'arrangement des mots. La syntaxe des Latins leur laissoit sur cet article une liberté presque indéfinie ; la nôtre nous tient dans des chaînes très serrées. De quel côté est l'avantage ? Dans l'examen de cette question il faut se défendre d'abord d'une illusion assez naturelle. Accoutumés dès l'enfance à l'arrangement de nos mots , nous le trouvons plus clair que celui du latin ; & nous avons raison : il est plus clair par rapport à nous : mais il n'est pas plus clair que l'arrangement du latin ne l'étoit pour les Romains. C'est même un principe général , que toutes les Langues ont un ordre de mots également clair pour ceux qui les parlent. Par-tout on a cherché à être entendu facilement, au moins dans le difcours ordinaire ; & un ordre de mots difficile à débrouiller n'auroit été adopté dans nul pays du monde. A cette préfomption j'ajoute une preuve tirée de la nature du difcours. En quelque Langue que ce foit, une penfée ne peut être comprife qu'après qu'on a entendu le dernier mot de la phrafe qui exprime cette penfée. Mais comme les mots fe prononcent fucceffivement, & que le fon des premiers eft évanoui, lorfque vous prononcez le dernier, il faut que celui qui vous écoute conferve dans fa mémoire les premiers mots, jufqu'à ce qu'il ait entendu le dernier. Alors les confidérant tous enfemble, il voit dans cet affemblage votre penfée. Or., dès qu'il eft néceffaire, pour faifir la penfée, de fe rappeler tous les mots & de les comparer, peu importe quel ordre ils gardent entr'eux ; le travail de la mémoire & de l'efprit eft le même. Je fais bien que nous retenons les premiers mots d'une phrafe françoife fans nous en apercevoir ; & qu'il ne nous femble pas que nous les comparions avec les derniers. Au contraire, nous avons befoin d'attention pour retenir toute une phrafe latine , & pour öbferver les rapports des mots qui la compofent ; mais cette différence vient uniquement de l'habitude. La preuve en eft que les perfonnes accoutumées depuis long-temps à parler & à entendre parler latin , comprennent la penfée auffi vîte & auffi facilement , que fi on parloit françois. Demandez à un Allemand fi les tranfpofitions de fa Langue lui donnent aucune peine ; il vous affurera que non. Les autres nations vous feront la même réponſe ; d'où vous devez conclure que tous les arrangemens de mots ont la même clarté pour ceux qui dès leur enfance en ont contraƈté l'habitude.

Cependant , dira-t-on , les idées ont un certain arrangement dans l'eſprit, ou du moins elles prennent un certain arrangement , lorſqu'on veut les communiquer. Eſt - ce le latin ? Eſt - ce le françois qui ſuit cet arrangement ? Celle des deux qui imitera la nature l'emportera ſur ſa rivale.

Pour réſoudre cette queſtion & pluſieurs autres qui en font la ſuite, examinons ſi la nature a établi entre les idées un ordre primitif, & quel il eſt.

La nature ne fait rien d'inutile. Si cet ordre ne ſert pas au but qu'elle ſe propoſe, elle ne l'a point établi. Or, pour prononcer intérieurement que

que deux idées font jointes , il n'eſt
pas néceſſaire de regarder l'une en
premier lieu plutôt que l'autre , *Dieu
eſt juſte , juſte eſt Dieu ,* c'eſt le même
jugement. Pour voir tout autre rapport entre deux idées , il n'eſt pas
néceſſaire d'en regarder par préférence une des deux avant l'autre , *le
créateur du monde , du monde le créateur ,* c'eſt le même rapport. Ainſi
dans l'eſprit il n'y a point entre les
idées d'ordre primitif.

Y en a-t-il un , lorſque la pénſée
vient au dehors , & s'exprime par
des mots ? Voyons encore dans ce
cas-là quel eſt le but de la nature :
c'eſt que vous me faſſiez connoître
les idées qui vous occupent & leurs
rapports. Or je les connois également, ſoit que vous me diſiez, *Dieu
eſt juſte ,* ou *juſte eſt Dieu ; du monde
le créateur ,* ou *le créateur du monae.*
La nature n'a donc porté aucune

K

loi qui oblige , de deux termes qui ont un rapport entr'eux , à en placer un par préférence le premier , & l'autre le ſecond. Elle exige ſeulement que je place les termes & le ſigne de leur rapport , de manière que ce rapport ſoit bien marqué. Je puis dire également , *Pierre le fils de Paul*, ou *de Paul le fils Pierre* ; mais ſi je diſois , *Paul Pierre de le fils* , j'intervertirois l'ordre preſcrit par la nature ; parceque le rapport de *Paul* à *Pierre* ne ſeroit pas énoncé clairement. Il ſuit de-là qu'il y a un arrangement naturel entre les mots qui n'aſſigne pas à chacun une place fixe , & plutôt la première que la ſeconde ; mais qui leur aſſigne une place telle , que leur rapport ſe diſtingue facilement. Je l'appellerai l'ordre de *liaiſon*.

On pouvoit s'en tenir là ; mais on a voulu philoſopher ſur l'art de

parler. Une propofition fimple eſt
compofée de trois termes , *Dieu eſt
juſte* , qui font fufceptibles de fix
combinaifons , favoir :

*Dieu eſt juſte.*

*Dieu juſte eſt.*

*eſt Dieu juſte.*

*eſt juſte Dieu.*

*juſte Dieu eſt.*

*juſte eſt Dieu.*

On a cherché fi l'une de ces combinaifons ne mériteroit pas à quelque
titre la préférence fur les autres. On
ne pouvoit pas trouver dans la vérité une raifon de priorité en faveur
de l'une des idées ; on a eu recours
à une. fuppofition. Il eſt vrai , a-t-on
dit, que les deux idées , *Dieu* , *juſte* ,
font préfentes à l'efprit au même
moment ; mais fi on fuppofoit entr'elles quelque intervalle , laquelle
concevroit-on comme étant la première ? *Dieu* eſt le fujet auquel on

K 2

attribue la qualité de *juste* ; or on conçoit le sujet avant la qualité qui lui est attribuée. *Le créateur*, est la cause qui a le monde pour effet. Or on conçoit la cause avant l'effet. Ainsi, en supposant de l'intervalle entre les termes de ces rapports, *Dieu* doit précéder *juste*, *créateur* doit précéder *monde*. Par une semblable analyse, on a trouvé une raison pour assigner un lieu fixe à presque tous les mots de chaque proposition. De-là est né dans quelques Langues, comme dans la Langue françoise, un arrangement de mots qu'on peut appeler *ordre d'a-nalyse*, parceque les mots ont une place fixe qui leur est assignée par des principes d'analyse, tels que ceux que nous avons développés.

Il y a une différence essentielle entre *l'ordre de liaison* & *l'ordre d'analyse*. Le premier est nécessaire

& vient de la nature : le fecond eft arbitraire , & les hommes l'ont inventé. Il n'a même pu être trouvé que par des hommes exercés dans la métaphyfique. Cependant , me dira-t-on , notre Langue n'a pas été formée par des gens fi fubtils , mais par une foule de barbares qui , fans concert & fans projet, ont corrompu infenfiblement la Langue latine. Auffi *l'ordre analytique* ne s'y eft introduit que peu-à-peu. A mefure qu'on remonte vers fon origine , on trouve la conftruction moins régulière. Il s'eft confervé des licences dans beaucoup de façons de parler , & la poéfie s'eft maintenue en poffeffion de négliger fouvent cet arrangement fi méthodique.

Je puis réfoudre maintenant la queftion propofée plus haut , laquelle des deux Langues , du françois ou du latin , fuit l'arrangement naturel des idées : je réponds qu'elles le fuivent également toutes les deux; car l'arrangement naturel des idées, n'eſt autre que *l'ordre de liaiſon*. Cet ordre eſt celui de la Langue latine , qui s'y eſt bornée. La Langue françoiſe ne s'y eſt pas bornée; mais elle l'a confervé, en adoptant *l'ordre d'analyſe* ; puiſque cette combinaiſon , *Dieu eſt juſte* , eſt une des ſix combinaiſons poſſibles des trois mots , *juſte, Dieu , eſt.*

Je réſoudrai par les mêmes principes la queſtion des inverſions. Sont-elles dans le françois ou dans le latin ? Relativement à l'ordre naturel de liaiſon , il n'y en a ni dans l'un ni dans l'autre. Relativement à l'ordre d'analyſe , il y en a rarement dans le françois , & très fréquemment dans le latin.

Il reste à examiner si notre Langue a acquis une perfection au dessus de la Langue latine, en adoptant un ordre de mots plus gêné.

Nous avons déja vu qu'elle n'y a rien gagné pour la clarté de la pensée. Mais lorsqu'on parle, on n'a pas seulement l'intention de s'exprimer clairement, on veut encore flatter l'oreille de celui qui écoute, & produire quelqu'effet sur son esprit, comme de l'instruire, de l'émouvoir, de le persuader. Or l'arrangement des mots contribue à flatter l'oreille, & même à produire un effet sur l'esprit; car on ne peut pas douter que l'ordre des idées ne les rende souvent plus frappantes. Revenons à notre exemple, *Dieu est juste*; si ces trois mots ainsi rangés ont un son agréable, c'est un bonheur dont profite un écrivain françois; mais si par hazard ils choquent l'oreille , il eſt forcé de laiſſer ce défaut dans ſa compoſition , ou de changer ces mots pour d'autres qui peut-être feront moins juſtes , ou enfin de chercher un autre tour de phraſe qui peut-être fera moins naturel. Un auteur latin , en pareil cas , pouvoit conſerver les mots & le tour de phraſe qui l'accommodoient ; il lui étoit permis de changer les mots de place , & de prendre celle des ſix combinaiſons qui étoit la plus flatteuſe pour l'oreille. Il en eſt de même dans les occaſions où l'effet du diſcours demande qu'une idée ſoit préſentée la première. J'en donnerai un exemple tiré de Virgile. Les Troyens découvrent l'Italie : inquiets ſur le ſort qui les attend dans ce pays , ils entourent Anchiſe , qui lui-même , ſelon la ſuperſtition du temps , eſt attentif au premier objet qui ſe préſentera , pour en tirer

un préfage. On voit des chevaux,
& Anchife s'écrie :

Bellum , ô terra hofpita , portas ?
Bello armantur equi , bellum hæc armenta minantur.

Ce n'eft pas par hafard que dans ces
trois penfées , l'idée *de la guerre* eft
offerte la première , & toute traduction qui ne la confervera pas dans
cette place perdra une beauté, parcequ'elle ne peindra pas la nature
auffi fidèlement que l'a fait Virgile.
L'harmonie & l'effet du difcours
demandent donc qu'un écrivain ait
la liberté de choifir la place qu'il
veut donner aux mots. La Langue
latine , qui permettoit fix combinaifons , avoit un grand avantage
fur une Langue analytique qui n'en
permet qu'une.

Il réfultera de la comparaifon des
Langues fur les quatre articles qui
font leur différence , que pour les
mots & pour le ftyle nous ne le cé-

dons pas aux Latins ; mais que pour le méchanisme & l'arrangement des mots , nous leur sommes inférieurs. Cependant nos bons écrivains ont égalé ceux de l'antiquité , Bossuet n'est pas moins éloquent que Cicéron , ni Fléchier moins harmonieux ; mais je compare les Langues & non pas les auteurs ; & je crois que pour atteindre au même dégré de perfection , les François ont eu plus de difficultés à vaincre.

## ARTICLE VI.

*D'où vient qu'il est plus difficile d'entendre les poëtes, que les auteurs en prose.*

JE reviens à l'étude du latin dont cette longue digression m'a peut-être trop éloigné. J'ai supposé qu'on commençoit par un historien. De l'histoire on passera aux autres genres de composition en prose, & on finira par les poëtes. Tous ceux qui ont appris les Langues, savent par expérience que la poésie est infiniment plus difficile à entendre que la prose. J'ai cherché quelle en pouvoit être la raison, & pour la découvrir j'ai analysé différens morceaux de poésie. Je n'y ai rien trouvé par rapport à la Langue, dont la prose ne fournisse des exemples. En effet, les vers ne sont pas un autre langage ; ils ne font qu'un genre de composition particulier qui emploie les mots , & qui fuit les règles du langage ordinaire : car il ne faut pas compter un petit nombre d'ex-preffions propres à la poéfie , ou un nombre auffi borné de licences, c'eft-à-dire de difpenfes de la fyntaxe.

Pourquoi donc ce genre de com-pofition eft-il dans toutes les Lan-gues plus difficile à entendre que la profe ? Pour deux raifons , dont l'une dépend du méchanifme , l'autre du ftyle. Nous avons vu que le méchanifme confifte dans l'emploi des particules qui fervent de liaifon aux mots , & que par elles-mêmes , ces particules ne réveillent aucune idée. La poéfie eft le langage des paffions ; quand on ne veut que parler raifon , on ne fait point de vers. Les paffions échauffent l'imagination , & reveillent une foule d'idées qu'on fe hâte de produire ; le foin trop exact de les lier rallentit cet effor précipité. Un poëte doit donc négliger toutes les liaifons qui ne font pas d'une néceffité abfolue ; & un commençant, qui n'eft pas encore accoutumé à fe paffer de ces liaifons, fe perd dans une foule d'idées dont il ne voit pas les rapports.

Le ftyle de la poéfie, plus élevé que celui de la profe, forme une nouvelle difficulté. Nous avons vu ci-deffus que chaque Langue a un ftyle qui lui eft propre ; mais de plus dans la même Langue, chaque genre d'ouvrage a fon ftyle particulier. Celui de la converfation n'eft pas celui de la compofition. L'hiftoire a le fien, plus fimple que celui de l'art oratoire ; & celui de la poéfie eft le plus fublime de tous. Or le ftyle fimple fe reffemble dans toutes les Langues. C'eft l'expreffion la plus naturelle des idées communes à tous les efprits ; mais à mefure que le ftyle s'élève davantage, il fe reffemble moins, d'une Langue à l'autre. C'eft l'expreffion d'un rapport plus fin & plus caché entre les idées ; & ces fortes de rapports ne font pas aperçus, ni rendus de la même façon par tout le monde. Le ftyle fublime d'une Langue étrangère eft donc plus éloigné du françois que le ftyle fimple, & par conféquent plus difficile à en rapprocher. Voilà, fi je ne me trompe, les deux obftacles qu'on rencontrera dans la lecture des poëtes latins. En vain on entreprendroit de les lever par une application redoublée. En voulant trop fe hâter, on fe fatigueroit inutilement. C'eft en lifant la profe qu'on parviendra à entendre les vers. Lorfque l'efprit fera familiarifé avec le méchanifme du latin, il poura fe paſſer d'une partie des liaiſons. En même temps, le ſtyle plus ſimple des deux Langues ſe rapprochant ſans aucun effort, un effort léger ſuffira pour rapprocher le ſtyle ſublime. Liſez les ouvrages en proſe, tant que vous n'entendrez pas les ouvrages en vers. Un jour, ſans avoir fait aucune étude particulière de la poéſie, vous même vous ſerez ſurpris d'entendre les vers comme la proſe.

Cependant on poura encore être arrêté dans la lecture des poëtes par certaines figures dont on ne devineroit pas le ſens, ou par des alluſions à des choſes inconnues, comme l'hiſtoire, les loix, les coutumes des temps paſſés. Mais ces difficultés ne dépendent pas de la ſcience de la Langue. Deux jeunes gens liſent dans Virgile :

*Bitias pleno ſe proluit auro.*

Tous deux expliquent, *Bitias s'arroſe*

*d'un or plein.* L'un en demeure là, & ne comprend pas le sens de ces paroles ; l'autre dit, *Bitias boit dans la coupe d'or qui étoit pleine* ; le second a plus d'esprit que le premier ; mais tous deux savent également le latin ; car ces mots latins, *Bitias pleno se proluit auro*, ne signifient autre chose par eux-mêmes, sinon *Bitias s'arrose d'un or plein.* Le sens plus caché doit se trouver dans les idées du lecteur. Il en est de même des allusions à des faits ou à des coutumes de l'antiquité. Un François qui lit dans Virgile :

Ipse quirinali trabea cinctuque Gabino
Insignis referet stridentia limina Consul.

entend le latin, quoiqu'il ignore ce que c'étoit que la robe nommée *trabea*, & la façon de se ceindre *à la Gabienne.* Cette observation n'est pas même bornée à la poésie. Tout écrivain parle aux hommes de sa

nation

nation & de son temps. Il les sup-
pose instruits , comme il l'est lui-
même de tous les faits publics. Les
lecteurs d'un autre pays ou d'un autre siècle , qui ignorent ces faits ,
trouvent dans les livres une obscu-
rité qu'il ne faut pas attribuer à la
Langue dans laquelle ils sont écrits.
Un jeune homme sait le latin , quoiqu'il n'entende pas certains endroits
des harangues de Cicéron , qui ont
rapport à la procédure ou à la ju-
risprudence des Romains.

# CHAPITRE III.

## De la lecture & de la traduction des auteurs.

LORSQU'ON entendra les pensées des ouvrages en vers & en profe, on croira pouvoir les traduire ; mais il reste , pour y réuffir , deux points que l'étude feule ne donnera pas. 1.° Il faut en fentir les beautés. 2.° Il faut favoir les tranfpörter d'une langue à l'autre.

Je ne parle pas de la beauté des penfées , ni même de toutes les beautés du ftyle. Je parle uniquement des beautés du ftyle qui dépendent de la diction , & qui par là ont une liaifon naturelle avec mon fujet.

Parmi les qualités de cette efpèce , il en eft dont on ne peut juger que par conjecture, quand il s'agit des Langues mortes. Telles font la nobleffe des termes, & l'élégance des tours de phrafe. Nous favons par l'exemple des Langues vivantes, que de deux mots qui réveillent la même idée, l'un eft noble & l'autre eft bas; que de deux tours de phrafe qui lient les mots par les mêmes rapports, l'un eft élégant, l'autre eft commun. Nulle autre marque pour les diftinguer, que l'ufage des perfonnes qui parlent & qui écrivent bien. Le fuffrage du fiècle d'Augufte & des fiècles voifins, nous affure que Céfar, Cicéron, Salluste, &c. ont écrit en mots choifis, & que d'ordinaire ils emploient les tours de phrafe les plus élégans.

Je ne puis m'empêcher, à cette occafion, d'avertir les jeunes gens qui s'exercent à écrire en latin, que les tours de phrafe les plus ufités dans les bons auteurs méritent certainement la préférence. Si par hasard un auteur a employé une ou deux fois quelque construction extraordinaire, comme il y auroit de l'imprudence à la condamner, il y auroit de l'affectation à l'imiter ; mais il seroit absurde de s'en faire un mérite, & de la croire plus élégante, parcequ'elle est plus rare.

Il est d'autres qualités dont nous pouvons juger par nous - mêmes, lorsque nous entendons exactement le sens des mots. Les deux principales, & qui me paroissent renfermer toutes les autres, sont la propriété des termes, & leur sens figuré. Ceci demande une explication plus étendue.

## ARTICLE I.

### *Du terme propre.*

LE terme propre eſt celui qui, outre l'idée principale, rappelle les idées acceſſoires les plus convenables à la circonſtance. La plupart des mots, comme je l'ai déja obſervé, ne ſont pas les ſignes d'une ſeule idée, mais d'une collection de pluſieurs idées, parmi leſquelles il y en a une principale, & beaucoup d'autres acceſſoires. Prenons pour exemple ces mots françois, *ſe retirer, s'enfuir, s'échapper, ſe faire jour.* Dans tous, l'idée principale eſt la même : c'eſt toujours *quitter un lieu ;* mais les idées acceſſoires, qui marquent *la manière de quitter ce lieu,* ſont ſi différentes, qu'elles forment un ſens tout oppoſé. *Se retirer,* eſt fort éloigné de *s'enfuir ; s'échapper,* n'eſt pas *se faire jour.* On comprend par-là, comment un fait raconté par diverses personnes, dont aucune ne prétend l'altérer, ne paroît pas le même. Tous conviennent des idées principales, mais chacun les accompagne de différentes idées accessoires, qui font sur l'auditeur des impressions opposées.

Deux mots qui renfermeroient exactement toutes les mêmes idées, seroient de vrais synonymes. Quand la différence ne se rencontre qu'entre des idées accessoires peu importantes, ce sont des synonymes apparens. Nous n'avons point de vrais synonymes : l'abbé Girard l'a prouvé dans son excellent ouvrage sur cette matière. Il est même plus que probable qu'aucune nation n'en a jamais eu. Nous n'en doutons que parceque nous ne savons pas les Langues étrangères assez parfaitement pour fentir une différence légère entre les mots. En effet de vrais fynonymes furchargeroient une Langue fans l'enrichir. Ils n'auroient d'autre utilité que de varier les fons ; mais les fynonymes apparens fuffifent pour procurer cet avantage.

Car tous les mots dans un difcours, ne peuvent, ni ne doivent avoir cette extrême jufteffe dont nous parlons. On diroit qu'il y en a un ou deux chargés de caractérifer chaque penfée : tout le refte eft une foule fubalterne qui fait cortége , & qui remplit les places vuides. Il fuffit pour ce peuple de mots , qu'il pouffe le difcours en avant , fans reveiller aucune idée contraire aux circonftances,

Le terme propre a des devoirs plus importans & des fonctions plus brillantes. C'eft à lui à réunir toutes les idées qui conviennent le mieux au temps , au lieu , aux perſonnes. C'eſt lui qui développe la penſée de l'auteur , & qui fixe l'attention du lecteur. Dans cette maxime de M. de la R. *L'eſprit eſt toujours la dupe du cœur ,* cette expreſſion , *la dupe ,* eſt la ſeule qui vous frappe. Les autres mots indiquent le ſujet du diſcours , & en forment la liaiſon grammaticale. Ce mot , *la dupe ,* fait le plaiſir de votre lecture. Vous voyez le cœur , qui avec ſes mouvemens aveugles , trompe toujours l'eſprit ; & l'eſprit , qui comptant ſur ſes lumières , ne ſe doute jamais qu'il eſt trompé. Ce ſont là les idées acceſſoires que réveille le mot *dupe ,* & elles caractériſent parfaitement la manière dont le cœur gouverne l'eſprit.

Le ſtyle des écrivains médiocres eſt rempli d'expreſſions vagues , qui à la vérité réveillent l'idée principale, en forte qu'on conçoit leur penfée, mais qui ne rappellent point d'idées acceſſoires propres à amuſer l'eſprit : de-là la langueur & l'ennui. Les mauvais écrivains emploient des termes impropres qui réveillent quelque idée contraire à la circonſtance : de là la fatigue d'une lecture, qui joint des idées qui ſe combattent. Un bon auteur n'écrit point qu'il n'ait trouvé l'expreſſion qui met ſa penſée dans ſon vrai jour. J'ouvre Cicéron au haſard, je tombe ſur ces mots de la quatrième Catilinaire, *Quare, Patres Conſcripti, conſulite vobis, proſpicite patriæ.* Ce diſcours eſt ſimple, mais l'expreſſion eſt juſte. CONSULERE, ſignifie *veiller à un intérêt préſent*; PROSPICERE, *veiller d'avance à un intérêt à venir.* Les hommes paſſent, la patrie eſt éternelle. *Conſulere* eſt donc l'expreſſion qui convient aux hommes qui écoutoient l'orateur, *consulite vobis*. *Prospicere*, celle qui convient à la patrie, *prospicite patria*.

La méthode selon laquelle je propose d'apprendre les Langues, accoutumera à observer dans les auteurs la propriété des termes. Comme on rend d'abord le mot latin par le mot françois exactement correspondant ; on voit mieux sur ce françois bizarre la vraie signification, & toute la force des termes. On n'en sera guères touché, tant qu'on s'occupera du méchanisme de la Langue. Mais quand on aura fait quelques progrès, on mettra de la différence entre les mots qui paroissent signifier la même chose. On appercevra les idées accessoires qui font les nuances de l'idée principale, & on sentira la justesse des termes qui caractérisent les pensées. Cependant on ne les goûtera qu'autant qu'on

aura apporté en naiſſant une ame
ſenſible au beau. Car cette ſenſibi-
lité eſt un don de la nature : on le
cultive, on le perfectionne par l'habitude de lire & d'entendre de belles
choſes ; mais on ne l'acquiert pas.

## ARTICLE II.

### *Des expreſſions figurées.*

CE même don eſt néceſſaire pour
connoître le prix des expreſſions figurées. Tous les mots d'une Langue
ont un premier objet dont ils ſont
le ſigne naturel. Si on les applique
à un autre objet, à cauſe de quelque rapport , l'expreſſion devient
figurée. Le terme *enflammé* , ſe dit
dans le ſens naturel d'une matière
qui brûle. Mais comme on a remarqué quelque rapport entre l'effet de

la colère & celui du feu, on dit figurément d'un homme irrité, qu'il eſt *enflammé de colère*.

Toutes les Langues tranſportent continuellement les mots d'un objet à l'autre, pour deux raiſons : 1.º Parcequ'elles manquent de termes pour exprimer directement certaines choſes. En effet, remontons à l'origine, nous avons vu qu'il ne fut pas poſſible dans la première Langue articulée de donner un ſon qui fût propre aux objets immatériels ; on leur prêta le ſon d'un objet ſenſible ; 2.º Parceque le langage doit faire connoître le ſentiment du cœur comme les penſées de l'eſprit. Or le langage figuré eſt le ſigne des ſentimens. Je vous dis, *Céſar vole au combat* ; cette façon de parler n'exprime pas une autre penſée que celle-ci, *Céſar marche au combat aveé promptitude.* Mon intention n'eſt pas de vous faire croire que César ne touche point la terre , & qu'il fende l'air comme un oiseau. Mais je sais que ce discours exagéré vous fera comprendre combien je suis frappé de la promptitude avec laquelle César marche au combat. Une figure de mots est donc un mensonge d'une espèce singulière. Il ne vous trompe pas sur ce que je pense des objets , & il vous communique l'impression que les objets font sur moi. Or voici le principe. de l'énergie de ce langage.

Il y a un grand nombre de figures de mots : mais on peut les réduire à trois classes. Celles de la première classe grossissent les objets ; celles de la seconde le diminuent ; celles de la troisième lui substituent un autre objet qui a de la ressemblance avec lui. Ce font autant d'erreurs ; mais nous savons que tous les jours la vivacité du fentiment les produit en nous-mêmes. L'objet que nous admirons ou que nous craignons, groffit à nos yeux : celui que nous méprifons, diminue : celui qui nous plaît , nous paroît femblable à tout ce que la nature a de beau : celui qui nous déplaît, à ce qu'elle a de plus hideux. Inftruits par cette expérience , nous décidons par un jugement naturel que dans les autres , la même illufion vient de la même caufe ; & en conféquence, le langage figuré de celui qui parle nous avertit des fentimens dont il eft ému.

Cependant toutes les figures n'ont pas la même énergie. Il y en a de deux efpèces : celles qui appartiennent à la Langue , & celles qui appartiennent aux écrivains. *Enflammé de colère* , eft une figure qui eft aujourd'hui du fond de la Langue françoife. Le premier qui s'en eſt ſervi étoit ſans doute vivement frappé de la ſituation de l'homme irrité qu'il vouloit peindre. Mais depuis que cette façon de parler eſt devenue commune , elle a beaucoup perdu de ſa force. Les figures nouvelles que les orateurs & ſur-tout les poë-tes , inventent tous les jours , ſont plus énergiques. Corneille fait dire à Othon :

Je les voyois tous trois s'empreſſer ſous un maître;
Qui *chargé* d'un long âge a peu de temps à l'être ;
Et tous trois à l'envi s'empreſſer ardemment
A qui *dévoreroit* un règne d'un moment.

Qui ne voit dans le mot *dévoreroit* ; l'indignation contre les trois favo-ris, qui ſont repréſentés comme trois loups attachés ſur leur proie ? Cette figure appartient à Corneille. Avant lui on n'avoit pas dit en françois , *dé-vorer un règne :* on ne l'a pas même dit après lui ; car la Langue n'adopte

pas toutes les figures nouvelles. Leur
fort est différent selon les circonstan-
ces. Les unes font condamnées, parcequ'elles ont pour fondement un rapport d'idées , ou faux ou peu agréable à observer. Les autres font une
espèce de fortune. Non- feulement
on les applaudit , mais on les répète ;
les écrivains en font usage ; elles font
admises dans les conversations. Alors
elles n'appartiennent plus à personne
en particulier , & il est permis de les
employer toutes les fois qu'elles con.
viennent au genre du discours. C'est
ainsi que les expressions figurées fe
font introduites dans les Langues.

.Enfin il y en a que la Langue permet fans les adopter. Quand Rousseau
dit dans fes odes :

Et les jeunes zéphirs
Fondent l'écorce des eaux:

Ces expressions , *les jeunes zéphirs* ,
*l'écorce des eaux* , ne font que per-
mifes.

mises. Elles n'entrent point dans le fond de la Langue. On trouve dans les quatre vers de Corneille que j'ai cités un exemple de ces deux sortes de figures : *chargé d'âge*, *chargé d'années*, est de la Langue ; *dévorer un règne*, est du poëte. Or, la Langue garantit les figures qu'elle adopte, quand le rapport des idées seroit faux en lui-même. Dès qu'il est reçu dans le langage ordinaire, il est au dessus de toute critique. Au contraire les figures que la Langue n'adopte pas, demeurent aux risques & périls de l'inventeur. S'il a tiré de loin un rapport bizarre entre deux idées trop éloignées, on rebute cette invention malheureuse : c'est ainsi qu'on a traité le *greffier solaire* & le *phénomène potager*. Mais s'il a découvert un rapport nouveau, & cependant naturel, entre deux idées, on applaudit à l'invention,

M

& peut-être dans la suite on la fera paſſer dans le corps même de la Langue.

Il y a donc un art pour la compoſition des termes figurés, & cet art ne conſiſte qu'à ſuivre fidèlement la nature, c'eſt-à-dire, à marquer par des paroles les rapports vrais & ſimples des idées. Il y a un art auſſi pour l'emploi des figures : il vient également de la nature, & il conſiſte à les proportionner au ſentiment que produiſent les objets. Si vous décrivez un malheur léger, en vain vous croyez m'attendrir par des figures hardies & entaſſées. Je ne vous crois pas auſſi touché que vous affectez de le paroître, ou, ſi je le crois, je déſapprouve votre foibleſſe, & je ne veux partager ni un ſentiment faux, ni un ſentiment puſillanime.

Les figures ſont même abſolument

déplacées, lorsque l'objet est si touchant par lui-même que la simple
exposition excite le plus haut dégré
de sensibilité. Le vieil Horace dit,
*qu'il mourût :* il ne doit pas dans
cette circonstance dire autre chose,
ni le dire autrement. Ai-je besoin
d'être averti par un langage figuré
que son cœur brûle pour la gloire
& pour la patrie ? Quelles figures
le diroient aussi clairement & aussi
éloquemment, que l'abandon si subit
& si simple de la vie du dernier de
ses fils.

Il est assez surprenant qu'un discours figuré soit le langage propre
des passions, & cependant qu'une
passion extrême demande des expressions naturelles. Je crois en apercevoir la raison. Les mouvemens
de l'ame poussés au dernier période
ressemblent à l'état de tranquillité.
Voyez une mère au moment de la

mort de fon fils unique. Elle ne verfe pas une larme, elle ne jette pas un cri, elle eft tranquille, parcequ'elle eft anéantie. Ce moment de repos produit par l'excès d'agitation eft dans la nature : l'art doit l'imiter ; mais il n'eft donné qu'aux hommes de génie de le faifir & de le peindre.

La fource la plus abondante des expreffions figurées, eft la comparaifon d'un objet avec un autre. Dès que le cœur eft vivement touché, l'imagination s'échauffe, & elle fe peint à elle - même tous les objets capables de produire une pareille émotion. Virgile eft frappé de l'éclat de la jeuneffe : auffi-tôt les images éclatantes de *lumière* & de *pourpre* fe préfentent à fes yeux, *lumenque juventæ purpureum.* Boileau voit un malheureux qui lutte avec les douleurs de la goutte : auffi-tôt il fe rappelle l'état des hommes accablés des travaux les plus durs ; *la goutte*, dit le poëte,

Lui fait ſcier des rocs , lui fait fendre des chênes.

Ces expreſſions figurées ſont un des plus beaux ornemens du ſtyle dans les ouvrages d'eſprit ; mais elles demandent dans le lecteur de l'attention , & quelquefois un certain dégré de pénétration , 1.° pour en comprendre le ſens ; 2.° pour en ſentir la beauté. Le ſens des figures qui appartiennent à la Langue , s'apprend dans les livres ; mais il faut trouver dans la combinaiſon de ſes idées le ſens des figures qui appartiennent aux écrivains. Un étranger verra dans tous les dictionnaires françois, qu'un homme *enflammé de colère* eſt un homme *très irrité* ; mais il ne trouvera nulle part que *les jeunes zéphirs* ſont *les zéphirs du printems* ; que *l'écorce des eaux eſt la glace.* Pour le deviner, il est nécessaire qu'il retranche quelque chose du sens naturel des paroles, ou qu'il y ajoute, ou même qu'il les prenne dans un sens différent de celui qu'elles ont ordinairement. En effet, une expression n'est figurée que parce-qu'elle dit ou plus ou moins, ou autre chose, que l'exacte vérité. *Tout le pays tremble*, c'est dire trop, les hommes tremblent, mais la terre ne tremble pas. Les Grecs *avoient cent voiles*, c'est dire trop peu ; outre les voiles ils avoient le corps & tous les autres agrès des vaisseaux. Ce *lion furieux fond sur l'ennemi*, c'est dire une chose toute différente de ce qui est ; ce n'est pas un *lion*, c'est un guerrier qui fond sur l'ennemi. Pour reconnoître la vérité ainsi déguisée, il est besoin que l'esprit soit exercé à combiner ses idées, & à en découvrir promptement les

rapports. De-là vient qu'un discours
françois écrit d'un style figuré, n'est
pas toujours compris par ceux qui
entendent le sens naturel des mots.
La difficulté est encore plus grande
lorsqu'il s'agit d'une Langue étrangère. L'esprit occupé de son travail
sur le sens naturel des mots, ou sur
les autres difficultés, a moins de
vigueur pour chercher dans ses idées
un autre sens plus caché. De plus,
les figures d'une Langue étrangère
consistent quelquefois dans des rapports d'idées que nous n'avons jamais aperçus, ni soupçonnés, &
qui par certe raison nous échappent
plus aisément. Virgile dit :

. . . . . . . . . . . . . Cavæ plangoribus ædes
Fœmineis ululant. . .     *Æn. liv.* 2.

C'est-à-dire littéralement, *la maison
concave heurle par le bruit des coups que
se donnent les femmes.* Un François
qui apprend le latin, peut n'avoir ja-

mais fait réflexion qu'*une maison concave est une maison voûtée*, & qu'*une
voûte heurle*, lorsqu'elle retentit *de
bruits semblables à des heurlemens*.

Il n'est point d'art pour faire comprendre le sens des expressions figurées. Que le lecteur s'applique à pénétrer le sens naturel des mots ; ensuite qu'il réfléchisse sur le sens plus
profond qu'ils peuvent cacher ; s'il
est né avec de l'esprit, il parviendra
à lever ce voile léger qui enveloppe
la pensée. Je puis seulement lui indiquer le moyen de s'assurer s'il entend ce qu'il lit ; qu'il essaie de subf-
tituer le style simple au style figuré.
Car toute pensée exprimée séparé-
ment, peut s'exprimer aussi en termes pris dans le sens naturel. *Les
jeunes zéphirs*, ce sont *les zéphirs du
printemps* ; *l'écorce des eaux*, c'est
*la glace* ; *la maison concave*, c'est *la
voûte*. S'il peut faire cet échange,

il comprend le fens de l'auteur ; mais il lui refte à fentir l'agrément que le ftyle figuré ajoute à la penfée. Horace peint en ces termes les faux amis :

*Ferre jugum pariter dolofi.*

C'eft-à-dire littéralement, *trompeurs à porter le joug de concert.* Les amis ne portent pas un joug ; le mot de l'énigme eft, *les devoirs de l'amitié,* & la penfée rendue fimplement eft celle-ci : *ils trompent, parcequ'ils ne rempliffent pas les devoirs de l'amitié.* C'eft une remarque vraie, mais fans agrément. Changez avec Horace les devoirs de l'amitié en un *joug* que deux amis font convenus de porter enfemble. Voyez le faux ami qui fe décharge adroitement de fa part du fardeau, & qui le laiffe tout entier fur les épaules de fon compagnon. Combien d'idées juftes, fines, agréables, cette image réveille dans votre esprit ! Quels sentimens de compassion pour l'ami trahi, d'indignation contre le traître ! Cependant la pensée prise en elle - même n'a que de la justesse ; tout son agrément est renfermé dans l'expression figurée.

Si on se rend compte à soi-même du plaisir que l'on goûte dans la lecture des ouvrages d'esprit, on verra qu'il vient en grande partie de la propriété des termes dont le style est composé, & des figures dont il est orné. Tout exercice modéré des facultés du corps & de l'ame est un plaisir ; & pour le dire en passant, il n'en existe point d'autre dans la nature. Nous sommes nés avec la faculté d'assembler nos idées, d'y ajouter, d'en retrancher de passer rapidement de l'une à l'autre, en suivant la chaîne des rapporte qui les unit. Un écrivain attentif au choix du terme propre, me fait raſſembler toutes les idées qui conviennent au temps, au lieu, aux perſonnes, enfin aux circonſtances de ſon diſcours. Ces idées ſe touchent, elles s'appellent mutuellement, & ſe joignent ſans aucun effort. Le mot *dupe* réveille en moi des idées que je retrouve auſſi-tôt dans la ſituation de l'eſprit gouverné par le cœur. Le mot, *proſpicite*, me fait ſonger à une longue durée, & je vois cette même durée dans l'idée *de la patrie*. Un écrivain heureux dans le choix des figures qui appartiennent à ſa Langue, & dans l'invention des figures nouvelles, me propoſe ſans ceſſe des énigmes faciles & ingénieuſes, pour me procurer le plaiſir de les deviner. Je rapproche mes idées, & je lis dans leurs rapports le mot de l'énigme. Je compare les idées, *jeunes* & *zé-*

*phirs* , & je vois que les *zéphirs du printemps* ont les grâces de la jeuneffe. Je compare les idées *amitié* & *joug* , & je vois deux amis liés enfemble qui marchent d'un pas égal , & qui partagent le fardeau des peines de la vie. Ainfi je me laiffe conduire au fil de mes idées , & je parcours différens objets en paffant légèrement de l'un à l'autre. Car je n'entends pas qu'on s'arrête fur chaque mot , à la manière des commentateurs , pour faire une longue differtation. Quelques rapides que foient les yeux, l'efprit l'eft encore infiniment davantage. En parcourant un vers, on combine un million d'idées : & après quelques pages d'un bon livre on a peu lu, & beaucoup penfé. On a donc goûté beaucoup de plaifir ; fi cependant on a eu la fageffe & le bonheur de conferver le goût des plaifirs fimples & faciles ,

que la nature nous prodigue à plei-
nes mains. Car qu'y a-t-il de plus
délicieux que la conversation avec
les plus beaux génies de tous les
siècles & de tous les pays ? Leurs
pensées enrichissent l'esprit & per-
fectionnent le jugement. Leurs maximes forment les mœurs & règlent
la conduite. Leur style donne de
l'éclat à leurs idées & des grâces à
leurs leçons. Mais il faut savoir lire,
c'est à-dire, être accoutumé à réflé-
chir en lisant. Les idées étrangères
ne se fixent point dans notre esprit :
elles réveillent les nôtres, & sur le
champ elles s'évanouissent avec la
sensation qui nous les a apportées.
Alors si nous nous appliquons à combiner nos propres idées, la pensée
s'éclaircit, & nous jouissons de tout
ce qu'elle a d'agréable. Si la légèreté nous suggère d'autres idées qui
couvrent celle-là, à peine nous sui-

vons le fil du difcours , & la lecture n'eft qu'un vain amufement , inutile pour la fuite , & même peu agréable pour le moment , parcequ'elle ne nous occupe pas affez pour nous défendre de l'ennui. La réflexion paroît pénible aux jeunes gens. Une curiofité naturelle à leur âge, les porte à voltiger fur lesidées, au lieu de les pénétrer. Ils ignorent que l'application eft le feul remède contre l'ennui , fléau de la vie humaine , fource des vices & des malheurs.

Lorfqu'on aura contracté l'habitude de lire les auteurs latins avec cette attention , non-feulement au fond des chofes, mais à la manière dont elles font exprimées , on fentira les beautés de leur ftyle ; & fi on poffède bien fa Langue , on pourra effayer de les traduire. Mais le fuccès dépendra d'un talent que l'étude ne donne point. Voyez ce que Corneille, Racine, Boileau ont imité des poëtes anciens, & comparez-le aux traductions ordinaires ; vous apercevrez combien le génie donne d'avantage, non-feulement pour compofer, mais auffi pour copier les compofitions étrangères. Qui croiroit que l'Iliade de Pope foit le même ouvrage que l'Iliade de Madame Dacier ? On ne peut pas égaler le mérite du traducteur à celui de fon original : l'invention eft le plus fublime des talens ; mais jamais un traducteur ne fera parfait fi fon génie n'a quelque rapport à celui de fon auteur.

## ARTICLE III.

*Avis aux jeunes gens par rapport à la traduction des auteurs.*

CEPENDANT tous les jeunes gens, dans le cours de leurs études, s'imaginent traduire Cicéron, Virgile & Horace. Qu'ils s'appliquent à les entendre, qu'ils prouvent par une version intelligible qu'en effet ils les entendent ; voilà l'unique but auquel on peut espérer de les conduire, jusqu'à ce que l'âge & l'expérience aient formé leur goût. Pour approcher d'une traduction, autant qu'il leur est possible, je leur conseillerois de faire d'abord une première version, dans laquelle ils n'eussent aucun égard à la pureté de la Langue françoise, mais seulement à la force des mots latins. Je voudrois que cette première version conservât

conſervât le ſens précis de chaque mot, que les termes figurés fuſſent rendus par un terme figuré, & s'il ſe peut, dans la même eſpèce de figure. Enſuite qu'ils oublient la Langue étrangère : ils ont ſous les yeux en mots françois la penſée & les ornemens dont elle doit être embellie. Ils doivent conſerver tout ce qui n'eſt pas oppoſé au génie de leur Langue, & remplacer par des équivalens ce qu'ils ſont contraints de changer. On ſent bien que les termes qui marquent le rapport des idées méritent peu d'attention : pourvu que la liaiſon demeure la même, il importe peu de la marquer par une particule ou par une autre. Mais les termes qui ſignifient les idées, doivent être rendus auſſi fidèlement que la Langue le permet ; c'eſt de-là que dépendent la force, la fineſſe, l'agrément de la penſée. Souvent l'arrangement des mots ne tient qu'au caractère de la Langue ; mais quelquefois aussi il est essentiel pour l'effet du discours. La flotte d'Enée, après un long voyage, arrive à la vue de l'Italie, & le poëte dit :

> . . . . . . Italiam primus conclamat Acestes,
> Italiam læto socii clamore salutant.

Il est dans la nature que le mot *Italie* s'offre d'abord à l'esprit dans une occasion pareille. Virgile a tracé une peinture fidèle : on l'affoiblit si on dérange les traits. Je sais que la marche grammaticale de notre Langue jette souvent dans de grands embaras pour l'ordre qu'on voudroit donner aux idées. C'est à l'écrivain à concilier les règles du langage avec les loix de l'éloquence & du goût. Un travail opiniâtre surmonte toutes les difficultés ; mais ce travail même est un écueil. Si on l'aperçoit, il gâte l'ouvrage, &

après avoir tourné une phrase en cent façons pour y faire entrer toutes les beautés de l'original, il faut que la tournure à laquelle on s'arrête soit si naturelle, qu'elle paroisse s'être présentée d'elle-même. L'ouvrage fini il est temps de revoir le texte & de le comparer avec la version. C'est alors qu'on poura juger si la copie soutient le parallèle; si le style françois substitué au style latin, est aussi nombreux ou aussi concis, aussi simple ou aussi orné, aussi délicat ou aussi développé. Car la traduction doit avoir non-seulement autant de beautés, mais les mêmes beautés que le texte. Il faut toujours tendre à ce dégré de perfection, quoique souvent il ne soit pas possible d'y atteindre.

Les jeunes gens trouveront peut-être que je mets la gloire de ce genre d'ouvrage à un prix trop haut; mais je m'en rapporte aux maîtres de l'art. Ils favent fi les belles traductions de Cicéron, de Tacite, de Lucain, & les autres modèles en ce genre, leur ont coûté moins de veilles. Sans doute le plan du travail aura été différent, parceque les maîtres ne travaillent pas comme les élèves. Du premier coup d'œil fur le texte ils aperçoivent les beautés, & ils en démêlent le principe. Ils voient fi elles dépendent du fond de la penfée, ou fi elles font attachées à l'expreſſion ; fi l'arrangement des mots eſt feulement relatif à l'harmonie, ou s'il contribue à la force du difcours. Ils favent diſtinguer les différens ſtyles, & ils devinent comment Cicéron auroit été nombreux en françois, & comment Tacite auroit été concis. Malgré ces avantages les gens de lettres les plus confommés dans l'art d'écrire, ne feront jamais

une traduction parfaite fans une étude longue & pénible. Un ouvrage
de génie peut être écrit promptement, & prefque d'une haleine. L'i-
magination échauffée fournit des
idées en abondance : un goût exercé en fait le choix : l'habitude d'é-
crire prévient le befoin de corriger.
Ce prodige eft rare , cependant on
conçoit qu'il eft poffible ; mais une
traduction eft de fa nature un ouvrage lent , qu'il faut manier & re-
manier à plufieurs reprifes, parceque
c'eft un ouvrage de comparaifon.

Il faut même convenir que les ori-
ginaux, dans quelque Langue que ce
foit, ont des beautés qu'il n'eft pas
poffible de faire paffer dans les traductions. L'auteur a mis au jour fa
penfée avec tous les embelliffemens
qui lui convenoient. Sil n'eût pas
trouvé dans fa Langue le terme propre, ou le terme figuré dont il avoit

befoin, il eut abandonné cette penfée , & il auroit bien fu la remplacer. Le traducteur n'a pas le choix
des penfées. Son auteur les lui fournit , & il eft forcé de les rendre telles
qu'il les a reçues. Souvent fa Langue lui refufe le terme propre ; alors
il fupprimera des idées acceffoires ;
ou , s'il veut les conferver, fon ftyle
s'allonge & devient traînant. Souvent fa Langue n'adopte point les
figures employées par fon auteur ,
& même n'en permet point d'équi-
valentes ; alors il affoiblira l'expreffion du fentiment. Ces pertes font
irréparables ; car fi le traducteur vouloit par compenfation embellir des
endroits fimples , il rifqueroit de
commettre une faute , pour repa-
rer un malheur. Ce n'eft donc pas
uniquement par prévention que les
favans voient dans les écrits anciens des beautés inconnues à ceux

qui ne lifent que les traductions.

J'ai dit qu'une Langue ne fournit pas toujours des équivalens pour
les expreſſions figurées des autres
Langues ; cependant, puiſque les figures dépendent du rapport entre
les idées , & que les François ont
les mêmes idées qu'ont eues les
Grecs & les Romains , ils devroient
découvrir entr'elles les mêmes rapports. Ils les découvrent en effet ;
mais ils n'y trouvent pas le même
agrément. Rien n'empêcheroit un
François de dire comme Virgile : *la
voûte heurle du bruit des coups* : CAVÆ
PLANGORIBUS ÆDES ULULANT.
Nous voyons bien le rapport d'une
voûte qui retentit , à une voûte qui
heurle ; mais cette figure ne nous
plairoit pas , peut-être parcequ'elle
eſt trop compliquée ; car il faut d'a-
bord changer *le bruit des coups* en
*heurlemens* , & tranſporter enſuite

ces *heurlemens* à la *voûte*, qui en retentit. Par une raison contraire *le palais concave*, CAVÆ ÆDES, au lieu d'une *voûte*, ne feroit pas de notre goût. Ce rapport n'a pas aſſez de fineſſe. Ainſi chaque nation a déterminé dés bornes en-deçà & au-delà deſquelles les rapports des idées, quoique réels & fondés dans la nature, ne lui font aucun plaiſir. La Langue doit ſe renfermer dans les mêmes limites. Il n'eſt pas de mon ſujet de rechercher ſur quels principes ces bornes ont été poſées ; peut-être il n'y en a point d'autre que l'habitude. J'obſerverai ſeulement qu'il eſt injuſte de juger de tout ſur les idées de ſa propre nation. Qui peut décider ſi c'eſt le goût des Grecs qui étoit trop ſimple, ou le goût des François qui eſt trop raffiné ? Si c'eſt le goût françois qui eſt trop ſuperficiel, ou le goût an-

glois qui eſt trop profond ? La nature ne connoît d'autre règle que
la vérité des choſes. Tout rapport
réel , quelque ſimple ou quelque
recherché qu'il ſoit , peut être obſervé avec plaiſir. L'habitude ſeule
dégoûte une nation des rapports ſimples , ou lui fait trouver pénibles
les rapports compliqués. Heureux
celui qui par le commerce avec
les bons auteurs , en quelque Langue que ce ſoit , a franchi les bornes étroites du goût national. Toute
manière de rendre avec juſteſſe une
bonne penſée eſt agréable pour lui.
La ſimplicité grecque lui offre les
douceurs faciles de la nature ; la
profondeur angloiſe lui procure les
plaiſirs flatteurs de la réflexion. Il
jouit en même temps des richeſſes
répandues ſur tous les ſiècles & dans
tous les pays.

# CHAPITRE IV.

*De l'étude pour écrire & parler une seconde Langue.*

J'AI tracé la route qui peut conduire un jeune homme d'abord à entendre le sens des auteurs latins, ensuite à les lire avec plaisir & avec utilité, même à les traduire, s'il en a le goût & le talent. Je l'ai donc amené au premier dégré de la Langue. S'il veut monter au second, & apprendre à écrire & à parler latin, il est besoin de recommencer des études élémentaires dont je vais tracer le plan. Mais auparavant j'examinerai si les modernes peuvent & doivent écrire en latin.

## ARTICLE I.

*Les modernes peuvent-ils & doivent-ils écrire en latin ?*

CE doute paroîtra peut-être extraordinaire , mais il n'eſt pas ſans fondement. Nous employons , il eſt vrai , les mêmes mots que Cicéron, Ceſar & Salluſte. Mais ſommes-nous aſſurés de les employer toujours à propos ? Quand nous ne répétons pas leurs phraſes , nous n'avons d'autre guide que l'analogie , & ce guide eſt ſuſpect. L'uſage eſt ſi bizarre , qu'il défend dans une occaſion ce qu'il permet dans une autre. Nous voyons dans les livres ce qui étoit permis , nous n'y voyons pas ce qui étoit défendu. Pour la ſignification préciſe des mots , comment ſentirions nous les différences délicates entre les synonymes apparens ? A peine les sentons - nous dans notre Langue. Ce n'est que l'usage qui nous détermine le plus souvent à choisir un terme plutôt qu'un autre. Pour le style, savons-nous distinguer les tours de phrase , les façons de parler, propres à chacun des styles? Ne mettons-nous pas dans le style noble quelques mots consacrés au style familier ? Il y avoit en latin , comme il y a en françois , des expressions figurées , qui étoient du fond de la Langue ; & il y en avoit d'autres qui appartenoient aux écrivains. Ces dernières n'étoient faites que pour la circonstance. Quelle règle avons-nous pour les distinguer? Cependant les employer indifféremment , c'est parler latin comme un étranger parleroit françois , s'il nous disoit que *les jeunes zéphirs* agitent l'air , qu'il a marché sur *l'écorce des* *eaux*. Enfin quelle certitude avons-nous de bien ranger les mots ? Plusieurs favans ont cru qu'il n'y avoit d'autre règle que l'harmonie ; mais n'ayant plus la vraie prononciation du latin , comment cette harmonie pourroit-elle nous règler ? M. l'abbé Batteux a très bien prouvé que les mots fe rangeoient felon l'importance des idées , par rapport à la fuite du difcours ; mais cette règle générale étoit fans doute modifiée par un grand nombre d'exceptions. Pouvons-nous efpérer de les connoître ? Nous apprenons par un paffage de Quintilien (*) qu'il y avoit un ordre de mots, felon lequel les noms

---

(*) Nimia quorumdam fuit obfervatio , ut vocabula verbis, verba rurfùs adverbiis , nomina appofitis & pronominibus rurfùs effent priora ; nam fit contra quoque frequenter , non indecorè. *Lib. IX. Inft. Orat. Cap.* 2.

se plaçoient avant les verbes, les substantifs avant les adjectifs, les verbes avant les adverbes ; mais en appliquant cette règle au style des auteurs, nous voyons une infinité d'occasions dans lesquelles elle n'est pas observée. Comment nous flatter qu'en composant une phrase des mots que Cicéron auroit employés, nous les plaçons comme il l'auroit fait? Cependant nous savons par l'exemple de notre Langue, qu'un mot mis hors de sa place suffit pour donner au discours un air bizarre & même ridicule.

Toutes ces raisons montrent qu'on ne peut jamais donner une pleine confiance au latin écrit par des modernes ; & il en est de même de toutes les langues qu'on ne connoîtroit que par les livres. Cependant l'usage d'écrire en latin doit être conservé pour plusieurs raisons. 1.º C'est la

Langue du culte public ; à ce titre elle eſt abſolument néceſſaire aux miniſtres & très-utile aux ſimples fidèles. 2.º C'eſt la Langue des ſciences ; elle aſſure aux productions de l'eſprit une durée qu'elles ne peuvent pas attendre des Langues vivantes , toujours ſujettes aux chan. gemens. 3.º C'eſt un lien de plus entre les hommes , & ſur-tout entre les gens de lettres ; il n'y a aucune partie du monde policé où le latin ſoit un langage inconnu. 4.º Enfin quoique le latin moderne ne ſoit peut-être pas ſur quelques points celui qu'écrivoit Cicéron , c'eſt cependant une Langue belle , harmonieuſe , expreſſive. Comme elle eſt dans nos écrits d'autant plus parfaite , qu'elle reſſemble davantage à celle des anciens , notre but doit être d'imiter , autant qu'il nous eſt poſſible , leur manière d'écrire.

## Article II.

*Comment on peut se former à écrire ,
& même à parler en latin.*

On y parviendra en parcourant
en sens contraire la même route qui
a conduit à entendre le latin. Nous
avions alors la phrase latine à changer en une phrase françoise ; nous
avons à présent la phrase françoise à
changer en une phrase latine ; car on
m'accordera sans doute que , tant
qu'on ne sait pas écrire en latin , on
pense en françois. Je soupçonne même que la pensée se présente toujours
en françois aux gens les plus habiles.
Originairement les idées ont été
unies aux mots de la Langue maternelle ; ce sont donc les mots de la
Langue maternelle que les idées doivent réveiller les premiers. Mais l'u-
sage donne aux savans une si grande
facilité

facilité de fubftituer fur le champ
l'expreffion & le tour latin, qu'ils
croient avoir conçu leur penfée en
latin. Quoi qu'il en foit des favans,
il eft certain que l'élève concevra
fes penfées en françois. Qu'aura-t-il
donc à faire ? Nous l'avons vu en
traitant des quatre articles fur lefquels les Langues diffèrent entr'elles. 1.° Il faudra changer le ftyle
.françois en ftyle latin. L'élève conçoit cette penfée , *La nation françoife a des rois :* s'il veut écrire en
ftyle de Tacite, il la changera ainfi :
*Des rois ont la nation françoife.* 2.°
Il faudra fubftituer des mots latins
aux mots françois, *Reges habent gentem gallicam.* .3.° Il faudra obferver
fi le méchanifme eft le même pour
les mots des deux Langues ; & s'il eft
différent , fubftituer le méchanifme
latin ; par exemple , fi je mettois
en latin , *commander une armée* , la

O

feule fubftitution des mots me donneroit pour *commander* , *præeffe* ;
pour *une armée* , *exercitum* : mais
comme le régime de *præeffe* eft différent du régime de *commander* , après
avoir fubftitué les mots , il faudroit
changer *exercitum* en *exercîtui.* 4.°
Enfin il faudra mettre les mots à la
place qui leur convient ; *gentem Gal-*
*licam reges habent.*

De ces quatre opérations , les
deux qui regardent les mots & le
méchanifme font les moins difficiles.
Puifque l'élève entend le latin , il
fait les mots latins qui correfpondent aux mots françois ; d'ailleurs
il les trouvera dans un dictionnaire.
L'habitude de lire du latin l'aura auffi
accoutumé au méchanifme de cette
Langue ; & il n'eft pas à craindre
qu'un jeune homme qui entend les
auteurs , & qui les a lus plus d'une
fois , écrive *reges habet* , au lieu de

*reges habent ;* comme un étranger qui a vécu à Paris ne dira pas , *je croyons.* Cependant il y a tant de bizarrerie dans le méchanisme des Langues , que je ne sais si on peut l'apprendre , sans être averti des fautes que l'on commet. Les auteurs font des maîtres qui enseignent ce qui est bien. Il faut s'en procurer un qui enseigne ce qui est mal : on le trouvera dans la Grammaire. Voilà sa véritable place , elle est inutile pour entendre une Langue. Je suis certain que Cicéron a observé les règles ; je n'ai pas besoin de le confronter avec la syntaxe. Mais lorsque je veux écrire dans la Langue de Cicéron , ma mémoire peut me tromper sur les inflexions à donner aux mots , ou sur la manière de les assembler. Je conseille donc alors de prendre d'abord la grammaire générale & raisonnée , pour se faire une idée de la philofophie du langage ; enfuite de voir dans une grammaire latine ce qui eft particulier à cette Langue. Mais quelque néceffaire que foit cette étude , l'exercice d'écrire en latin l'eft davantage. Pour s'y former , on remettra en latin d'abord la verfion *des mots* du livre élémentaire ; quelque temps après , la verfion *de la penfée* ; enfin on remettra en latin la traduction françoife. Chaque fois on comparera fon ouvrage avec le texte de l'auteur , & la conformité plus ou moins grande avertira des progrès. On paffera ainfi du plus facile au plus difficile , & on aura toujours un maître excellent pour corriger les fautes dans lefquelles on fera tombé. Cet exercice durera plus ou moins long-temps , felon les talens des élèves. Mais il doit les conduire néceffairement à fe remplir là mémoire des tours propres à la Langue latine , &

à écrire à-peu-près dans le ſtyle de celui des auteurs qu'ils auront choiſi pour modèle.

Il ne reſte qu'à s'habituer à l'arrangement des mots ; car pour diviſer les difficultés, je voudrois faire de celle-ci une étude particulière. Ce ſera un exercice très utile de prendre le premier livre élémentaire, & d'eſſayer de rétablir les mots dans l'ordre du texte. La ſeule règle générale qu'on puiſſe donner , & dont nous ſommes redevables aux obſervations de M. l'abbé Batteux , eſt de commencer la phraſe par le mot le plus important , & de placer les autres ſelon la règle de Quintilien , ſauf les exceptions que l'oreille peut conſeiller. Au reſte, il faut obſerver que l'adjectif & le ſubſtantif ayant une liaiſon néceſſaire , l'adjectif rappelle à lui le subſtantif, enſorte que dans ce vers de Virgile,

*Silveſtrem tenui muſam meditaris avenâ.*

l'ordre des mots eſt celui-ci, *muſam avenâ meditaris.*

Il n'eſt pas beſoin de dire que les particules ne doivent pas être comptées, parceque n'étant pas des ſignes d'idées, elles ne ſont d'ordinaire d'aucune importance pour la penſée. D'ailleurs, elles ont ſouvent leur place marquée par le méchaniſme de la Langue. Je montrerai ſur les premières phraſes de Tacite, qu'en ſuivant la règle que je propoſe, on retrouvera l'arrangement de ſes mots : *Reges à principio habuere urbem Romam :* voilà les mots rangés à la françoiſe, ſelon le premier livre élémentaire. Pour les rétablir dans le goût des Romains, j'obſerve que Tacite a voulu faire un portrait en raccourci

des différentes formes du gouvernement de la ville de Rome jusqu'au
tems d'Auguste. Dans ce projet l'idée
la plus importante est celle de *la ville
de Rome*, qui est le sujet de son discours, ensuite l'idée qui désigne chaque sorte de gouvernement. Ainsi
l'ordre de la première phrase & des
phrases suivantes, doit être :

*Urbem Romam* Reges *habuere.*

Libertatem & Consulatum *J. Brutus
instituit.*

Dictaturæ *ad tempus sumebantur.*

*Neque* decemviralis potestas *ultra
biennium.*

*Neque* tribunorum militum consulare
jus *diu valuit.*

*Non* Cinnæ,

*Non* Sullæ, *longa dominatio.*

*Et* Pompei Crassique potentia *citò in
Cæsarem.*

Lepidi atque Antonii arma *in Augus-
tum cessere,*

Qui *cuncta discordiis civilibus fessa ; nomine Principis sub imperium accepit.*

On voit ici dix états du Gouvernement romain, les rois, la liberté & le consulat, la dictature, les décemvirs, les tribuns consulaires, la tyrannie de Cinna, celle de Sylla, le premier triumvirat fondé sur le crédit, le second triumvirat appuyé par des armées ; enfin l'empire d'Auguste, auquel tous les ordres accablés par les discordes civiles, abandonnent l'autorité, sous le titre de *premier citoyen.* Or chacune des phrases commence, ou par le nom de la dignité qui désigne la forme du gouvernement, ou par le nom de la personne qui avoit envahi l'autorité ; & les autres mots sont rangés, à peu de chose près, selon la règle de Quintilien. Ainsi, en observant cette règle, & en ouvrant le discours par

l'idée la plus intéreſſante, je retrou-
verai l'ordre des mots, que ſuivoient
les Latins ; au moins j'en appro-
cherai, & la comparaiſon avec mon
modèle fera le reſte. C'eſt toujours
à ce tribunal qu'il faut en appeler
en dernier reſſort. On n'apprend à
entendre le latin, qu'en liſant les auteurs ; on n'apprend à l'écrire qu'en
les imitant.

Lorſqu'on y eſt parvenu, on ſait
tout ce qui peut s'apprendre par l'é-
tude en fait de Langue. Cependant
on pouroit deſirer encore d'écrire
facilement, ou même de parler ſans
préparation. Mais ce n'eſt pas là un
autre dégré, qui demande de nouvelles connoiſſances ; c'eſt le même
fonds de ſcience, dont on uſe plus
librement. Cette facilité s'acquiert
par un grand exercice, & ne s'acquiert pas autrement. Celui qui s'eſt
formé un bon ſtyle ſur le modèle

des auteurs Latins , s'il écrit beaucoup & avec foin , s'il parle fouvent
& avec hardieffe , contractera l'habitude d'écrire & de parler avec pureté & élégance , quoique fans préparation.

# CHAPITRE V

*Réflexions générales sur cette méthode.*

## ARTICLE I.

*Deux écueils à éviter dans l'étude des Langues.*

DU reste, je dois prévenir ceux qui aiment l'étude des langues, qu'ils ont deux écueils à éviter. Le premier est d'employer une partie de leur temps à tourner & à retourner la phrase françoise correspondante à celle de la Langue étrangère qu'ils étudient. Dès qu'ils comprennent le sens de l'auteur, peu importe comment ils l'expriment. Si on explique, *INITIUM BELLI APUD PARTHOS ORTUM EST : le commencement de la guerre nâquit chez les Parthes*, il faut s'en tenir là. Quand on aura tourné la phrase autrement, & qu'on aura dit, *la guerre commença chez les Parthes*, ou bien, *les Parthes prirent les armes les premiers*, on aura mieux parlé françois, mais on ne saura pas mieux le latin. Cependant c'est le latin qu'il s'agit d'apprendre : le françois ne fait qu'un personnage subalterne ; il sert de clef ; peu importe qu'il soit plus ou moins orné, pourvu qu'il aide à entrer dans le sens du latin. Lorsqu'on entendra la Langue de manière que les mots réveillent sur le champ des idées claires, l'esprit saisira sans effort la pensée de l'auteur, & on la rendra en bons termes françois, comme on rend ses propres pensées.

Un second écueil est de vouloir tout apprendre en même temps, le sens des mots, la syntaxe, à entendre, à écrire le latin, & peut-être à écrire & à parler le françois. Au contraire, le secret pour apprendre beaucoup & promptement, est de diviser les difficultés. Il suffit pour une première lecture d'entrevoir le sens de l'auteur ; une autrefois on s'appliquera à la valeur juste des inflexions ; puis à la signification précise des mots. On observera ensuite si les termes sont employés dans le sens naturel, ou dans le sens figuré; enfin on comparera le style latin avec le style françois. Quand on entendra facilement la prose, on passera à la lecture des vers. Ainsi on n'aura jamais qu'un seul objet d'étude à la fois, & on les parcourra tous successivement. Je ne sais ce qu'il faut admirer davantage, de l'étendue ou des bornes de l'esprit humain. Lorsqu'il connoît les objets, il en embrasse une multitude infinie, sans les confondre ; lorsqu'il travaille à les connoître , deux objets suffisent pour se nuire l'un à l'autre. Si on ne les sépare pas , on les confond , & on ne parvient à connoître ni l'un ni l'autre.

J'avoue que cette manière d'étudier blesse l'impatience des jeunes gens. Comme on n'a l'intelligence de la Langue latine qu'après avoir vaincu toutes les difficultés , il semble qu'on n'ait rien appris encore, tant qu'on n'a pas tout appris , & on croit ne pas avancer , jusqu'au moment où l'on arrive au terme. Cependant ils peuvent observer eux-mêmes leurs progrès , s'ils font réflexion que d'abord tout les arrête , & que de jour en jour le nombre des obstacles diminue. Il est vrai qu'après six mois ils n'entendent pas encore les auteurs sans le secours d'une version. Mais au commencement elle étoit nécessaire pour tous

les mots, & après six mois, elle n'est
peut-être pas néceffaire pour la moitié. Une Langue dont on commence
l'étude, eft un cahos dans lequel l'œil
ne voit rien diftinctement. Peu-à-peu
les objets fe débrouillent, chacun
prend dans la mémoire une place
fixe, & laiffe apercevoir une marque qui le caractérife. Le moment
arrive où la lumière perce le cahos,
& où tous les objets fe préfentent
rangés en bel ordre. Ce moment
eft celui où l'efprit ceffant de s'occuper des mots comme fignes, paffe
fur le champ & fans réflexion à la
chofe fignifiée. Jufques-là on a expliqué le latin en écolier, alors on
le lit en maître. Qu'on fuive quelle
méthode on voudra, le progrès con-
fiftera toujours à apprendre la fignification d'un plus grand nombre de
mots, & à fe la rappeler plus promptement. Les autres difficultés font

très bornées en comparaison de celle-là. Il est rare que lorsqu'on entend tous les mots d'une phrase dans leur véritable sens , on ne découvre pas aussi-tôt la pensée de l'auteur.

## ARTICLE II.

*Objections contre cette méthode.*

JE prévois qu'un grand nombre de personnes auront de la peine à se persuader que la Grammaire soit inutile pour apprendre les Langues ; cependant c'est une vérité prouvée par l'expérience de tous les pays. Je l'ai déja observé : par-tout une infinité de gens entendent leur Langue , l'écrivent & la parlent , sans avoir aucune teinture de la Grammaire. Qui ne sait d'ailleurs que la Grammaire est née long-temps après les Langues ? Etoit-il donc impossible

de

de les apprendre avant qu'on eût
obfervé comment les mots fe décli-
nent , fe conjuguent , s'accordent
enfemble ? On me dira qu'alors on
apprenoit la Langue par l'ufage. Mais
c'eft auffi par l'ufage qu'on l'apprend
dans la méthode que je propofe. La
lecture eft une efpèce de converfation , & doit produire les mêmes
effets. Enfin la Grammaire n'eft d'aucune utilité pour la fignification des
mots ; & nous avons vu que c'eft en
cela que confifte la plus grande , je
pourois prefque dire , l'unique difficulté. J'avoue que la Grammaire
enfeigne la valeur des inflexions ;
mais comme les mêmes inflexions
reviennent fouvent ; par l'ufage feul
& par l'analogie on l'apprend auffi
furement & avec moins d'ennui.
D'ailleurs, il faut toujours en revenir à l'ufage ; car quand un commençant trouve *clavis* , la Gram-

maire ne lui apprendra pas s'il est au nominatif, ou au génitif singulier de la troisième déclinaison, ou bien au nominatif ou à l'accusatif pluriel , selon l'orthographe de quelques auteurs ; ni encore s'il est au datif ou à l'ablatif pluriel de la première ou de la seconde , comme *musis* & *dominis* , ou même s'il n'est pas la seconde personne d'un verbe , comme *legis* & *audis*. Il en est de même de presque toutes les terminaisons. Elles sont équivoques, & l'usage seul les détermine à un sens plutôt qu'à un autre. L'utilité de la Grammaire, même par rapport aux inflexions, est donc plus apparente que réelle.

Au moins, dira-t-on , la Grammaire est utile & même nécessaire pour la construction. J'en conviendrai : mais je soutiens en même temps qu'on ne doit pas exiger des élèves qu'ils fassent eux-mêmes la construction, parceque s'ils n'entendent pas le fens de tous les mots , ils ne peuvent pas la faire ; & s'ils entendent le fens de tous les mots , il eſt inutile qu'ils la faſſent. Je veux bien que pour les aider , on leur préſente le latin dans l'ordre du françois ; c'eſt une néceſſité fondée fur ce qu'on ne peut pas leur enfeigner tout en même temps ; mais ce faux latin doit difparoître le plutôt qu'il eſt poſſible. Dès que les élèves ont fait quelque progrès , ils doivent chercher à découvrir la penfée par la valeur intrinſèque des mots. Or cette valeur eſt la même , foit qu'on dife comme les François , *numen Deorum*, ou comme les Latins , *Deorum numen.*

Ramenons la Grammaire à fon véritable ufage : c'eſt la fcience des gens habiles qui veulent connoître une Langue à fond , en découvrir l'origine, en suivre les progrès, fixer les doutes sur les points que l'usage n'a pas décidés, secouer le joug d'un mauvais usage, contraire au génie même de la Langue, ou à l'agrément du discours, prévenir des variations continuelles, & donner aux inflexions, au méchanisme & à l'ordre des mots toute la stabilité dont ces objets sont susceptibles ; en un mot la Grammaire est le résultat des réflexions les plus fines & les plus profondes sur une Langue. Je demande si cette science convient aux commençans.

Peut-être craindra-t-on encore de savoir mal une Langue, parcequ'on la saura sans aucun principe ; car on est assez porté à croire que les règles de la Grammaire sont les principes de la Langue. C'est une erreur ; il n'y a d'autres principes dans les Langues que l'usage. *Amabam*, signifie *j'aimois*, parceque les Latins l'ont voulu ainfi. Ils pouvoient également choifir *amare*, ou toute autre terminaifon. Les Grammairiens ont enfuite rangé *amabam* dans une claffe à laquelle ils ont donné le nom d'*imparfait*; mais cette dénomination n'eft pas le principe fur lequel le fens du mot a été fixé. Ainfi quand on fait la valeur que la convention a attachée aux mots, on fait la Langue par fes vrais principes.

D'ailleurs les élèves, à mefure qu'ils feront des progrès, découvriront eux-mêmes des principes. Car telle eft la nature de l'efprit humain; dès qu'il a acquis plufieurs idées, il les combine, il les compare, il en obferve les rapports. Il n'eft pas poffible d'avoir fans ceffe fous les yeux des exemples du méchanifme d'une Langue, & de ne les pas ranger fous certains chefs généraux. C'eft ainfi que les élèves s'accoutumeront à diftinguer le nom qui précède le verbe, & celui qui doit le fuivre ; quel eft le fubftantif auquel fe joint un tel adjectif ; quel eft le régime de tel verbe ou de telle propofition, & mille autres obfervations pareilles. Ces remarques ne fe développeront pas dans leur efprit, de façon qu'ils puiffent les déduire bien clairement ; mais elles y feront cependant, & leur ferviront de guide dans la lecture. Elles compoferont une grammaire perfonnelle, qui aura pour eux une véritable utilité, parcequ'elle fera le fruit de leurs réflexions & non pas de celles d'autrui.

Mais la Grammaire n'eft-elle pas utile, & même néceffaire pour graver les Langues plus profondément dans la mémoire, & pour aider à les y conferver ? Si on le juge ainfi, rien n'empêche, quand on entend le latin, d'en étudier la Grammaire.

On acquerra une perfection de plus. J'avoue cependant que je ne vois pas pourquoi la Grammaire empêcheroit d'oublier une Langue. Il me paroît au contraire que c'est la première chose qu'on oublie en sortant des écoles. D'ailleurs, à quoi sert-elle pour se rappeler la signification des mots ? Or les mots forment la partie des Langues la plus importante. Il paroît d'abord qu'elle peut contribuer à fixer dans l'esprit la valeur des inflexions & des particules ; mais à cet égard même, au lieu de soulager la mémoire, elle la charge d'un double travail. J'ai à me souvenir qu'*amabo* signifie *j'aimerai* ; au lieu de ce simple fait, la Grammaire m'oblige à retenir 1.° que *amabo* est au futur de l'indicatif ; 2.° que ce futur en françois est *j'aimerai*.

Je finis ces discussions ennnuyeuſes par un raiſonnement qui me paroît déciſif. Plus on aura lu de latin, moins il ſera à craindre qu'on ne l'oublie. Or, en ſuppoſant un temps égal donné à l'étude, mon élève lira le double ; car il n'emploie aucune partie de ſon temps à chercher, ni dans le rudiment, ni dans le dictionnaire ; la verſion littérale lui tient lieu de l'un & de l'autre. Il eſt donc probable que le latin plus ſouvent répété, ſe gravera plus profondément dans ſa mémoire. Cependant il faut à ce ſujet s'en tenir à l'expérience. Quelque méthode qu'on ait ſuivie pour apprendre une Langue, on l'oubliera ſi on paſſe un temps conſidérable ſans en faire uſage. Il y en a des exemples même par rapport à la Langue maternelle, à plus forte raiſon on oubliera un langage étranger.

## ARTICLE III.

### *Avantages de cette méthode.*

J'AI tâché de répondre aux reproches qu'on peut faire à la nouvelle méthode ; qu'on me permette à préfent d'en expofer les avantages. 1.° Elle épargne aux enfans les dégoûts, les tourmens, les larmes que leur coûte le rudiment. On n'a plus à vaincre que la légèreté naturelle à leur âge ; du refte, comme on n'exige d'eux aucun raifonnement, aucune combinaifon d'idées qui furpaffe la portée de leur efprit, on eft affuré de ne les irriter jamais par aucune injuftice, & de ne point gâter leur caractère. Il ne s'agit de leur part que d'écouter, ou de lire, *GALLIA, la Gaule, OMNIS, toute,* &c ; & de la part du maître, d'attendre avec patience que ces mots ſoient gravés dans leur mémoire.

2.° Un autre avantage conſidérable pour les enfans, c'eſt que dans le cours de huit ou neuf ans qu'on donne à leur éducation, ils auront le temps de lire pluſieurs fois les meilleurs écrivains de l'antiquité ; au lieu qu'en les obligeant à comparer toujours le latin avec la grammaire, à chercher dans les dictionnaires, à compoſer eux - mêmes en latin, lorſqu'ils ne l'entendent pas, à peine a-t-on le temps de leur faire lire en entier les auteurs les plus courts, & quelques morceaux choiſis des autres. Or l'eſprit d'un jeune homme de quinze ans, qui a déja lu & relu Céſar, Saluſte, Tite-Live, Tacite, ſera néceſſairement mieux cultivé & plus diſpoſé à former ſon goût ſur les bons modèles. On ne ſentira pas cet avantage dans les premières années. Tandis que le magafin des mots fe forme dans la mémoire, on va lentement, parceque l'enfant, quoiqu'il fache déja beaucoup de mots, eft arrêté par ceux qu'il ne fait pas encore. Mais après quelques années le magafin eft rempli, les yeux & l'efprit fe font accoutumés au méchanifme de la Langue, & l'enfant lit le latin auffi vîte que le maître. Je ne dis pas qu'un grammairien fût content de lui ; car il répondroit mal fur les *fupins* & fur le *que retranché* ; mais un homme de lettres lui applaudira, parcequ'il verra qu'en ouvrant Virgile & Horace, il fait ce qu'ils ont penfé ; or ce n'eft que pour arriver là qu'on apprend le latin.

Peut-être encore on fera peu content de fa manière de parler françois. Il rendra le latin très littéralement, toujours aux dépens de l'élégance , & quelquefois même aux dépens de la pureté de ſa Langue ; auſſi je ne dis pas qu'il ſait traduire, je dis ſeulement qu'il entend le latin ; & ceux qui auront réfléchi ſur cette matière , comprendront que les défauts même de ſon langage françois prouvent qu'il entend bien celui de l'auteur.

3.° Par cette méthode on pourra à tous les âges apprendre une nouvelle Langue. Il eſt peu d'hommes raiſonnables qui oſaſſent entreprendre d'étudier Clénard , ou la méthode grecque de Port-Royal , ou le Jardin des racines ; mais il n'en eſt point qui ne puiſſe lire Xénophon. Or la lecture de Xénophon ſuffit pour apprendre le grec, du moins juſqu'à un certain point. Il ne s'agit que de ſe procurer une verſion très littérale des vingt premières pages , dans laquelle on voie exactement le ſens de chacun des mots, & de comparer cette verſion au texte, de façon qu'on parvienne ſur le grec ſeul à expliquer exactement ces vingt premières pages; en donnant à chacun des mots ſa vraie ſignification. Il n'en faut pas davantage pour entendre le reſte de l'auteur. A l'aide des traductions latines que nous en avons, fort plates, mais très littérales, & qui par-là valent mieux pour cet uſage que des traductions élégantes; on parviendra ſans beaucoup de peine à retrouver la correſpondance des mots, qui peu-à-peu ſe graveront dans la mémoire, ſi on a ſoin de répéter ſouvent ce que l'on ſait déja. Ainſi on finira par entendre Xénophon, & par la même méthode on entendra tous les auteurs de la même Langue.

Le travail ſeroit moins long & moins pénible pour les Langues modernes. Toutes, ou presque toutes sont moins éloignées du françois que le grec & le latin. Or la difficulté d'apprendre une Langue se mesure par sa distance de la Langue maternelle. Il est aisé à un homme qui a quelque littérature, de rapprocher du françois l'italien & l'espagnol. Quelques pages d'une version mot à mot suffiront ; il en faudra un peu davantage pour l'anglois, & beaucoup davantage pour l'allemand. De-là on passe à la lecture d'un ouvrage que l'on compare avec la traduction. Tantôt on lira d'abord la traduction, & on travaillera ensuite à retrouver la même pensée dans le texte ; tantôt on commencera par lire le texte, & on travaillera à l'expliquer à l'aide de la traduction. Cet exercice a tous les avantages des thêmes & des versions, & il n'en a pas tous les dégoûts. Quand on entendra une page , on la relira plusieurs fois sur le texte seul, pour s'imprimer les mots dans la mémoire. Sans autre travail , on se trouve bientôt en état d'entendre les Langues modernes. On juge bien que je parle seulement d'entendre les livres; car si on vouloit écrire ou parler, il faudroit étudier la Grammaire, & même prendre un maître du pays, tant pour se former à bien prononcer , que pour lever une infinité de doutes qui arrêtent dans la composition , & que la lecture seule n'éclaircit pas.

Au sujet de la prononciation , j'hasarderai ici une idée qui ne me paroît pas sans vraisemblance. Il me semble qu'on pouroit procurer à un enfant l'avantage de bien prononcer toutes les Langues vivantes. Je voudrois , lorsqu'il commence à articuler, qu'on lui donnât un maître de chaque pays , qui parlât sa Langue devant lui , en observant de faire entrer dans son discours les lettres & les syllabes les plus difficiles à prononcer. L'enfant l'imiteroit sans aucune peine , parceque l'organe encore flexible se plie indifféremment à toutes sortes de formes. Lorsque les sons d'une Langue étrangère lui seroient devenus familiers , il seroit aisé de les entretenir en les lui faisant répéter de temps en temps. Si dans la suite cet enfant apprenoit l'allemand , par exemple , il semble qu'il devroit le prononcer très bien & très naturellement. Cependant les sons nationaux domineroient toujours ; parceque l'habitude plus grande donneroit à l'organe la conformation qui leur est analogue , & qui venant de la naissance , est encore conformée par l'influence du climat.

Quoi qu'il en soit de cette idée ,

il

il feroit à defirer pour l'avantage des
lettres , que les jeunes gens qui fe
deftinent à les cultiver , joigniffent
l'étude des Langues modernes à celles du grec & du latin. Je fais que
les écrits des anciens font les vraies
fources du goût : c'eft le lait dont les
amateurs des belles lettres doivent
être nourris ; mais ils peuvent auffi
beaucoup profiter par la lecture des
écrits modernes , fur-tout s'ils s'appliquent à comparer les auteurs ex-
cellens qui ont écrit en différentes
Langues. C'eft par cette comparaifon qu'ils apprendront à diftinguer
le goût national , borné & paffager,
du goût univerfel qui , étant fondé
fur la nature , eft de tous les lieux
& de tous les temps. Qu'ils retran-
chent de chaque écrivain ce qu'il a
emprunté de fon fiècle & de fon
pays , il reftera un fonds de penfées
& de fentimens commun à tous les

Q

bons écrivains. Voilà la voix de la nature. Les traits qu'un auteur saura puiser dans ce fonds, produiront sûrement leur effet, non-seulement auprès de ses contemporains, mais jusques dans la postérité la plus reculée. Voyez dans Tacite la manière dont Pison & Plancine se conduisent avec Germanicus ; vous croyez y reconnoître les traverses auxquelles les gens de mérite sont exposés sous vos yeux. C'est que Tacite, en peignant Pison, romain, sénateur & gouverneur de Syrie, n'a oublié aucun des traits qui peignent l'homme fier & jaloux. Or vous reconnoissez dans ce tableau les hommes fiers & jaloux de votre pays & de votre temps : La Bruyère a décrit les mœurs de son siècle ; mais il les a décrites par les traits qui conviennent nécessairement aux hommes de tous les siècles. De-là vient que ce tableau, qui étoit de fon temps d'une vérité frappante, eft également vrai aujourd'hui, & qu'il fera vrai par-tout où il y aura des hommes. Tacite & la Bruyère ont dit la même chofe de la cour, à 1600 ans de diftance. L'un a fu démêler dans la cour des Empereurs romains, & l'autre dans la cour d'un Roi de France, ce qui eft de l'effence d'une cour ; il falloit néceffairement qu'ils fe rencontraffent. Un homme de génie faifit ces traits frappans par une efpèce d'inftinct. Un écrivain d'un talent plus borné, eft expofé à confondre ce qui appartient à la nature avec les ufages de fon temps, ou même avec les caprices de fon imagination. La comparaifon entre les auteurs qui ont écrit en différens fiècles & en différentes Langues, l'accoutume à en faire le difcernement.

4.º Plufieurs parens ne font pas à

portée d'envoyer leurs enfans dans les écoles publiques, ni en état d'avoir des précepteurs dans leurs maisons. Avec des livres élémentaires, un père ou une mère pouront enseigner le latin & toute autre Langue à leurs enfans, sans les savoir eux-mêmes, ou plutôt ils les apprendront avec eux. L'enfant prépare un article sur le livre élémentaire ; il le répète sur le texte de l'auteur, & le père ou la mère qui ont alors le livre élémentaire sous les yeux, jugent s'il entend bien les mots & le sens de l'auteur. Tous les précepteurs seront également bons pour enseigner les Langues, pourvu qu'ils soient en état de composer les livres élémentaires. La raison en est bien simple. Par cette méthode, le vrai maître d'une Langue est l'auteur sur lequel on l'étudie. Tous les autres livres, & le précepteur même, sont

des interprètes qui ne parlent jamais
que françois : l'auteur seul parle latin ; il eſt donc le seul qui enseigne
cette Langue. On comprendra aisément combien il y auroit à gagner
pour le goût de la bonne latinité,
ſi on n'avoit d'autres maîtres que Céſar , Salluſte , Cicéron & les écrivains du même rang.

5.° Des perſonnes de piété deſi-
reroient entendre les offices de l'é-
gliſe ; mais elles imaginent qu'il ſeroit néceſſaire d'apprendre le latin,
& cette entrepriſe les effraie. Si on
leur fourniſſoit une verſion mot à mot
d'une partie de l'office, elles s'accoutumeroient aiſément à remarquer la
correſpondance des mots, & en peu
de temps elles entendroient le ſens
des prières qui ſont compoſées d'un
nombre de mots très borné & toujours les mêmes.

Tout le ſecret de cette méthode

eſt de réduire l'étude d'une Langue à ce fait ſimple : tel mot latin répond à tel mot françois : telle phraſe latine à telle phraſe françoiſe :. ce qui ne demande que des yeux & de la mémoire. Le reſte s'apprend ſans y ſonger, & par les exemples qu'on a ſans ceſſe ſous les yeux. Au contraire, le vice eſſentiel de la méthode commune, eſt d'enſeigner par le raiſonnement ce qui ne peut s'apprendre que par l'habitude. La plus grande partie du travail des maîtres & des élèves eſt en pure perte ; car il eſt aſſez probable , comme je l'ai déja dit , que les étudians ne tirent aucune utilité des règles générales. Ils ne profitent que des exemples, ce qui revient à la méthode que je propoſe ; mais ils ſe fatiguent à aller par un long circuit vers un terme où quelques pas en ligne droite pouroient les conduire.

J'obferverai à cette occafion que la difficulté qu'on éprouve quelquefois à apprendre à lire aux enfans, vient de la même caufe. On épuife le peu d'attention dont ils font capables, à leur faire affembler des fyllabes, & on exige que par un raifonnement dont ils font très incapables, ils concluent de la réunion des fyllabes le fon du mot. Pourquoi ne pas s'y prendre plus fimplement? Prononcez d'abord un mot, par exemple, *traité*, l'enfant le répétera. Lorfqu'il le prononce auffi bien que fes organes le permettent, montrez-le lui fur le livre, & répétezlui, *traité*, il s'accoûtumera à joindre le fon *traité* à la vue des lettres dont ce mot eft compofé. Paffez enfuite au mot d'après, ne fatiguez point fon attention, ne le grondez point; ce n'eft pas fa faute fi fa mémoire eft lente ou infidèle; mais recommencez avec patience la même leçon ; n'exigez jamais de lui autre chofe , finon qu'en regardant tel mot écrit , il prononce tel fon ; & s'il l'a oublié , répétez-le-lui. Il n'eft pas poffible qu'en peu de temps la vue des figures ne rappelle les fons , & alors l'enfant faura lire.

Puifque je me trouve écarté de mon fujet, je m'arrêterai encore un moment pour propofer quelques réflexions fur l'orthographe. Je ne parle pas des changemens qu'on pouroit y faire : je fuppofe que les diverfes manières d'écrire les mots françois employées par les gens de lettres , font également bonnes. Je ne parle que des vices d'orthographe reconnus pour tels par tout le monde , & je demande comment il faut s'y prendre dans l'éducation des jeunes gens de l'un & de l'autre fexe , pour les en préferver , ou les en corriger.

L'expérience montre qu'un grand
usage de la lecture peut tenir lieu
d'étude en cette matière. Les mots
tels qu'on les a lus, restent gravés
dans la mémoire ; & lorsque dans la
suite on les emploie en écrivant, on
les copie sur cette image. Mais ceux
qui font usage de l'écriture n'ont pas
toujours été à portée de lire beaucoup ; & d'ailleurs tous n'ont pas
la mémoire assez fidèle pour conser-
ver exactement l'image des mots.

Nous avons des règles générales
pour l'orthographe ; mais la plupart
sont si obscures, si compliquées, &
modifiées par tant d'exceptions ,
qu'il est difficile aux jeunes gens de
les retenir , & plus difficile encore
de les appliquer à propos. D'ailleurs,
il ne suffit pas pour l'orthographe
usuelle dont nous parlons, de pouvoir en examinant les règles, trouver la manière d'écrire les mots cor-

rectement ; la rapidité de l'écriture ne donne pas le loisir de faire cet examen. Il faut qu'avec le mot la manière de l'écrire se présente sur le champ à l'esprit sans aucune ré-flexion.

On emploie communément une méthode meilleure : on fait copier des livres imprimés. Cet exercice revient à celui de la lecture dont nous avons parlé. Il a même un avantage , parceque l'attention qu'on donne , en copiant , à chacune des lettres dont le mot est composé , les grave plus profondément dans l'esprit.

Mais par là on ne va point encore au but directement. En effet, lorsque j'écris , je n'ai pas sous les yeux le modèle des mots que j'emploie, j'en ai seulement le son dans l'oreille , soit qu'une autre personne me les dicte , soit que je me les dicte à moi-même, en les prononçant tout haut ou intérieurement. La fcience de l'orthographe confifte donc à choifir parmi les lettres celles qui felon l'ufage de notre Langue, répondent aux différens fons. Ainfi la vraie méthode pour l'étudier, eft d'écrire fous la dictée d'un maître qui prononce bien.

Par exemple, fuppofons qu'une gouvernante dicte à fon élève, *Abrégé de l'hiftoire de France*; l'élève écrira peut-être, *Abrejai de liftoir de France*. La gouvernante lui mettra alors le livre entre les mains, la jeune perfonne verra elle-même fes fautes par la comparaifon, & les corrigera. Le lendemain on lui dictera la même leçon, & on ne fe laffera point de la répéter à différentes reprifes, jufqu'à ce que guidée uniquement par le fon, elle écrive les mots correctement. Les fons les plus ordinaires, & peut-être tous les fons de la Lan gue françoise, fe rencontrent dans quelques pages d'un livre françois ; ainfi en peu de temps l'élève contractera l'habitude de choifir fur le champ les lettres qui, felon l'ufage de notre Langue, répondent aux différens fons ; or c'eft là favoir l'orthographe ufuelle.

Je conviens qu'il reftera toujours des doutes fur la manière d'écrire certains mots qui fe rencontrent plus rarement, & dont le fon répond à des lettres différentes. Mais ces doutes ne peuvent s'éclaircir par aucune autre méthode que par un long ufage. Quand on s'y tromperoit, l'erreur fera légère, en comparaifon de ces fautes énormes qui défigurent fouvent ce qui eft écrit à la main, & qui même quelquefois le rendent inintelligible.

On a vu, & trop au long peutêtre, les principes & la pratique de

la méthode par la double verſion.
On ne doit pas la confondre avec
les ſyſtêmes propoſés en différens
temps : ce n'eſt point un ſyſtême ,
c'eſt la ſimple imitation de la nature.
Au reſte, il faut bien diſtinguer les
principes que j'ai poſés , de la pratique que je conſeille. La pratique
eſt peut-être mal imaginée. J'applau-
dirai à quiconque donnera des livres
élémentaires d'un uſage plus commode , & qui conduiront plus directement à rapprocher la ſeconde
Langue de la première ; mais les
principes ſont certains , je les réduis aux trois propoſitions ſuivantes.

1.° On apprend les Langues par
le détail des mots & des façons de
parler, & non par des principes généraux , encore moins par des raiſonnemens métaphyſiques.

2.° Le meilleur moyen d'apprendre la valeur des mots & des façons

de parler d'une Langue inconnue, eſt de les joindre avec leurs équivalens dans une Langue connue.

3.° Avant que de pouvoir écrire ou parler une Langue, il eſt néceſſaire de l'entendre.

Pourvu qu'on ne s'écarte pas de ces principes, on peut varier la pratique tant qu'on voudra ; on arrivera au même but, parcequ'on marchera dans le chemin qui y conduit ſans détour.

Je crois avoir réſolu le problême que je m'étois propoſé. J'ai indiqué une méthode ſimple, facile & ſure, ſachant une première Langue, d'en apprendre une ſeconde. Cette méthode étoit connue depuis long-temps, elle a même été eſſayée pluſieurs fois avec ſuccès. C'eſt à-peu-près celle que M. Locke conſeille dans ſon traité *de l'éducation des enfans.* C'eſt celle que M. l'abbé d'Olivet a vu pratiquer dans quelques écoles d'Angleterre , & qui lui a donné l'idée du recueil aussi utile qu'agréable des pensées choisies de Cicéron. Mais on n'avoit pas encore entrepris de prouver que c'est la méthode même de la nature. On n'avoit pas travaillé non plus à en faciliter la pratique. Les principes étoient trouvés, ils n'avoient besoin que d'un développement. Si celui qu'on vient de lire ne suffit pas , il poura au moins réveiller l'attention du public sur cet objet , & peut-être donner naissance à une idée plus heureuse.

# CHAPITRE VI.

*Essai de cette méthode sur diffé-rentes Langues.*

IL ne me reste qu'à ajouter à cet essai des exemples de diverses Lan-gues qui montreront l'universalité des principes que j'ai établis. On verra qu'en un quart d'heure on peut entendre, sans se donner beaucoup de peine, une phrase de grec, d'i-talien, d'espagnol, d'anglois, d'al-lemand ; & de-là on conclura qu'a-vec les mêmes secours on entendra après le temps nécessaire , un ou-vrage entier. Je ne me suis servi que des caractères françois , afin que ceux qui ne savent pas lire le grec ni l'allemand , puissent cependant faire eux-mêmes , s'ils le veulent , l'expérience de cette méthode.

ARTICLE I.

## ARTICLE I.

*Essai sur le Grec.*

Commencement de l'histoire de l'ex-
pédition de Cyrus le jeune par
Xénophon.

*Version des mots.*

Deux fils de Darius & de Paryſatis
*Duo paides Dareiou kai Paruſatidos*

naiſſent ; *le plus âgé*  +  Artaxer-
*gignontai, presbuteros men* (1) *Artaxer-*

xès, *le plus jeune*  +  Cyrus.
*xès, Neôteros* (2) *de Kuros.*

---

(1) Les mots grecs ſur leſquels eſt cette
marque † n'ont point de correſpondans en
françois , & peuvent ſe negliger, ſans nuire
au ſens de la phraſe.

(2) Comme les Grecs ont deux *e* , ſavoir
η & ε ; & deux *o*, ſavoir, ο & ω , j'ai marqué
η par *é*, & ω par *ô*.

R

*Version de la pensée.*

Darius & Parysatis eurent deux fils ; l'aîné se nommoit Arraxerxès, & le plus jeune Cyrus.

*Version des mots.*

Après que  +  Darius fut malade &
*Epei      de Dareios êsthenei  kai*

soupçonna la fin de *la* vie , voulut
*upôpteuse teleutên tou biou , ebouleto*

les    deux    fils    être    présens.
*tô amphoterô paides     pareinai.*

*Version de la pensée.*

Darius étant tombé malade , & prévoyant sa mort prochaine , il voulut que ses deux enfans fussent auprès de lui.

Après avoir étudié ces deux phrases , on doit entendre le texte de **Xénophon.**

TEXTE DE XENOPHON.

*Dareiou cai Parusatidos gignontai pai-*
*des duo , presbuteros men Artaxerxès ,*
*neôteros de Curos.*

*Epei de êsthenei Dareios , cai upôp-*
*teuse teleutên tou biou ebouleto tô pai-*
*des amphoterô pareinai.*

---

# ARTICLE II.

*Essai sur l'Allemand.*

Commencement d'une lettre de Geller.

*Version des mots.*

MADAME, combien je suis joyeux que
*Madam , wie ich bin froh daß*

la saison des eaux est à sa fin ,
*die brunneneur ist zu ende ,*

à présent je ose écrire de nouveau.
*nun ich darf schrieben wieder.*

*Verſion de la penſée.*

Que je ſuis content que la ſaiſon des eaux ſoit finie ! Je puis recommencer à écrire.

*Verſion des mots.*

Penſez- vous ſeulement je ai
*Bedenken ſie nur ich habe*

oſé mettre aucune plume long
*dœrfen anſetzen keine feder lang*

huit ſemaines , ainſi le médecin eſt
*acht wochen , ſo der medicus iſt*

agi avec à moi barbarement.
*umgegangen mit mir barbariſch.*

*Verſion de la penſée.*

Imaginez-vous que depuis huit ſemaines il ne m'eſt pas permis de mettre la main à la plume , tant le médecin m'a traité durement.

TEXTE DE GELLER.

*Madam, wie froh bin ich daß die brunneneur zu ende iſt, nun darf ich wieder ſchrieben. Bedenken ſie nur acht wochen lang habe ich keine feder anſetzen dœrfen, ſo barbariſch iſt der medicus mit mir umgegangen.*

---

## ARTICLE III.

### *Eſſai ſur l'Anglois.*

Commencement de la préface de la traduction de l'Iliade de Pope.

### *Verſion des mots.*

Homere est convenu univer-
*Homer is allow'd univer-*

ſellement à avoir eu la plus grande
*ſally to have had the greateſt*

invention de aucun écrivain que ce ſoit.
*invention of any writer whatſoever.*

R 3

*Verſion de la penſée.*

On convient généralement qu'Ho-
mère a eu le talent de l'invention à un
plus haut dégré qu'aucun écrivain que
ce ſoit.

*Verſion des mots.*

Virgile a diſputé juſtement avec
*Virgil has conteſted juſtly with*

lui la louange du jugement ; &
*him the praiſe of judgement ; and*

d'autres peuvent avoir leurs préten-
*others may have their préten-*

tions, quant à *des* qualités particulières.
*ſions , as to excellencies particular.*

*Verſion de la penſée.*

Virgile lui a diſputé avec juſtice la
gloire d'être l'écrivain le plus judicieux,
& d'autres peuvent prétendre l'égaler

par rapport à quelques qualités particulières.

*Version des mots.*

Mais son invention demeure encore
*But his invention remains    yet*

non rivalisée.
*un rival'd.*

*Version de la pensée.*

Mais pour le talent de l'invention il
est encore sans rival.

TEXTE DE POPE.

*Homer is universally allow'd to have
had the greatest invention of any writer
whatsœver. The praise of judgement
Virgil has justly contested with him ,
and others may havé their prétensions
as to particular excellenciès ; but his
invention remains yet un rival'd.*

R 4

## ARTICLE IV.

*Essai sur l'Espagnol.*

Commencement de Dom Quichote.

*Version des mots.*

EN un lieu de la Manche , de
*En un lugar de la Mancha , de*

duquel nom non je veux souvenir me,
*cuyo nombre no quiero accordar me ,*

non à beaucoup temps que vivoit
*no à mucho tiempo que vivia*

un gentilhomme de ceux de lance
*un hidalgo de los de lança*

en ratelier , rondache antique , cheval
*en astillero , adarga antigua , rozin*

maigre & un peu coureur.
*flaco y algo corridor.*

*Version de la pensée.*

Dans un lieu de la Manche, dont je ne me soucie pas de me rappeler le nom, vivoit il n'y a pas long-temps un de ces gentilshommes qui ont la lance au rate-lier, la rondache antique, le cheval maigre & un peu taillé en coureur.

TEXTE DE CERVANTES.

*En un lugar de la Mancha, de cuyo nombre no quiero accordar me, no à mucho tiempo que vivia un hidalgo de los de lança en aftillero, adarga anti-gua, rozin flaco y algo corridor.*

## ARTICLE V.

*Essai sur l'Italien.*

Commencement du sujet de la tra-
gédie de Xerxès de Metastasio.

*Version des mots.*

ARTABAN préfet des gardes
*Artabano prefetto delle guardie*

royales de Xerxès, voyant tout
*reali di Serse, vedendo ogni*

jour diminuer se la puissance de son
*giorno diminuirsi la potenza di suo*

roi, après les défaites reçues par les
*re, dopo le diffate ricevute da*

Grecs, espéra de pouvoir sacrifier
*Greci, spero di poter sagrificare*

à la propre ambition avec le fufdit
*alla propria ambizione col fudetto*

Xerxès toute la famille royale,
*Serfe tutta la famiglia reale,*

& monter fur le trône de la Perfe.
*& falir fu'l trono della Perfia.*

*Verfion de la penfée.*

Artaban commandant des gardes du roi Xerxès, voyant que la puiffance de fon maître diminuoit tous les jours, depuis la défaite de fes troupes par les Grecs, efpéra pouvoir facrifier à fon ambition avec Xerxès toute la famille royale, & monter fur le trône de Perfe.

TEXTE DE METASTASIO.

*Artabano prefetto delle guardie reali di Serfe, vedendo ogni giorno diminuir fi la potenza di fuo re, dopo le disfatte ricevute da Greci, fpero di poter fagri- ficare alla propria ambizione col fu detto*

*Serse tutta la famiglia reale , & salir su'l trono della Persia.*

Je crois que quiconque prendra la peine de lire trois ou quatre fois avec attention un de ces exemples , entendra enfuite le texte de Xéno-phon ou des autres. Dès ce moment il a un excellent maître de Langue , il dépend de lui de répéter la même leçon , pour la graver dans fa mé-moire , & de prendre des leçons nouvelles , pour acquérir de nou-velles connoiffances. Il eft avec fon auteur dans le cas d'un enfant avec fa gouvernante , ou d'un étranger avec les gens du pays. Il apprendra le langage de cet auteur, comme on apprend celui de fa patrie , & des autres pays où l'on fait un long féjour.

# TABLE
## *DES MATIÈRES.*

### A

## E.

*Ecrivains* François trouvent dans leur Langue plus de difficultés à vaincre, qu'un Latin n'en trouvoit dans la sienne, *p.* 154.

*Elégance* du style, on ne doit pas la rechercher pendant qu'on étudie les Langues, *p.* 115. & *p.* 219.

*Elémens* du latin, on peut en distinguer quatre dégrés, *p.* 76. Modèles des livres élémentaires pour chacun de ces dégrés, *p.* 77. & *suiv.*

*Enfans*, comment ils apprennent à entendre leur Langue maternelle, *p.* 39, à la parler, *p.* 43.

*Espagnol*, essai de livres élémentaires pour apprendre l'Espagnol, *p.* 263.

*Etymologie*, son principe, son utilité, ses bornes, *p.* 15.

## F.

*Figures* de mots, *Voyez*, Termes figurés.

*Formules*, conservent en françois le méchanisme latin, *p.* 114.

## G.

*Gestes*, sont des termes & quelquefois des phrases entières dans la Langue naturelle, *p.* 3. & *p.* 42.

*Grammaire*, n'étoit pas employée à Rome

fans beaucoup de peine à entendre les livres latins qui le contiennent , 245.



## . P.

*Verfion* des mots, en quoi différente de celle de la penfée, 77 ; comment l'une & l'autre doivent être compofées, 78.

*Fin de la Table des Matières.*

## FAUTES A CORRIGER.

**P**AGE 60, *l.* 6, par une méthode, *lif.* par une étude.

P. 85, *l.* 2, aucun relâche, *lif.* aucune relâche.

P. 102, *l.* 16, pour interrogation, *lif.* pour l'interrogation.

*Ibid. l* 19, pour l'interroger, *lif* pour interroger.

P. 131, *l.* 7, les uns les autres, *lif.* les uns & les autres.

P. 173, *l.* 18, les objets, *lif.* l'objet.

P. 184, *l.* 17, féparément, *lif.* figurément.

P. 240, *l.* 22, conformée, *lif.* confirmée.